Thomas Meyer
»Hat sie recht?«

Unbequeme Antworten auf
allerlei Lebensfragen

Diogenes

Die Texte sind in den Jahren 2019–2021
als Kolumnen in der Rubrik ›Meyer rät‹ im
›SonntagsBlick-Magazin‹ erschienen und wurden
für diesen Band vom Autor durchgesehen
Copyright © Blick-Gruppe, Ringier AG
Covermotiv: Foto von Joan Minder
Copyright © Joan Minder

Alle Rechte an dieser Ausgabe vorbehalten
Copyright © 2021
Diogenes Verlag AG Zürich
www.diogenes.ch
100/21/852/1
ISBN 978 3 257 30086 4

Vorwort

Liebe Leserin, lieber Leser,

in den vergangenen sieben Jahren, in denen ich rund 350 Ratgeberkolumnen geschrieben habe, bin ich einige Male gefragt worden, was mich eigentlich dazu befähige. Ich sei ja kein Psychologe oder so was.

Stimmt. Bin ich nicht. Aber wir erteilen einander alle ständig Ratschläge, oft sogar durchaus hilfreiche. Der einzige Unterschied besteht darin, dass ich eingeladen worden bin, es öffentlich zu tun.

Das führt allerdings dazu, dass ich nicht nur durch mich selbst und mein Umfeld mit allerlei drängenden Fragen konfrontiert werde, sondern auch aus der Ferne. Viele Menschen haben mir von immensem seelischem Leid berichtet, das sich verstörenderweise vor allem dort abspielt, wo es am wenigsten hingehört: in Familien, Beziehungen und Freundschaften.

Das ist eine der Einsichten aus meiner kolumnistischen Tätigkeit: Wenn einander Zugewandte schon so grausam miteinander umgehen, sind bewaffnete Konflikte, Tierleid und Umweltzerstörung nur die logische Folge.

Und: Alles beginnt und endet bei uns selbst. Wenn wir uns nicht achten, wenn wir nicht nett sind zu uns selbst, wird unser Leben zur Hölle.

Und: Das merken viele erst, wenn es zu spät ist.

Und: Schmerz auszuhalten ist eine richtig schlechte Idee. Man gewinnt damit weder Glück noch einen Orden für besondere Tapferkeit.

Aber auch: Menschen wollen froh sein. Das ist unser aller Wunsch. Wir wünschen uns Geborgenheit und Harmonie, und wenn das Gegenteil herrscht, wollen wir es unbedingt zum Guten hin verändern. Das misslingt zwar immer wieder, weil uns oft der Mut für die wesentlichen Veränderungen fehlt, aber das ändert nichts an unserer ureigenen Aufgabe: dem Leid, wo immer es herrscht, ein liebevolles Ende zu setzen. Unserem eigenen, jenem unserer Kinder, unserer Geliebten, und schließlich, vielleicht, irgendwann, jenem der Natur.

Thomas Meyer, im Mai 2021

PS: Ich danke dem Ringier Verlag von Herzen für seine Treue, die mir – neben derjenigen von Leser:innen und Veranstalter:innen – gestattet, was alle Autor:innen sich wünschen: vom Schreiben leben zu können. Und dem Diogenes Verlag dafür, dass meine im *SonntagsBlick*-Magazin publizierten Gedanken noch weitere Kreise ziehen dürfen. Am Ende dieses Bandes gibt es übrigens ein Register, damit Sie alle Texte zu einem bestimmten Thema sogleich finden.

PPS: Haben Sie auch eine Frage? Schreiben Sie mir, ich werde eine persönliche und möglichst hilfreiche Antwort für Sie verfassen, unter Wahrung der Diskretion: blitzbrief@me.com

»Mein Job belastet mich sehr.
Aber ich bin Familienvater und verdiene sehr gut.«

Sie haben ein klassisches Dilemma, also eine Zwangslage, in der Sie zwischen zwei ähnlich unangenehmen Wegen wählen müssen: Entweder Sie fühlen sich schlecht, weil Sie Ihren Job weiter ausführen, oder Sie fühlen sich schlecht, weil Sie ihn kündigen und daraufhin mit Existenz- und Zukunftsangst konfrontiert sind. Viele Menschen, vielleicht die meisten, entscheiden sich in einer solchen Situation gegen die Veränderung, aus simplem Grund: Das alltägliche Missbehagen spielt sich in einem vertrauten und damit berechenbaren Rahmen ab – Sie wissen exakt, was Sie morgen bei der Arbeit erwartet. Was hingegen auf Sie zukommt, wenn Sie morgen kündigen, entzieht sich Ihrer Kenntnis, und das verunsichert Sie. Ihr Verstand wird Ihnen deshalb das Gleiche erzählen wie Ihr Umfeld: dass man nicht alles haben könne, dass Sicherheit wichtiger sei als gute Laune, dass man in jedem Job Kompromisse eingehen müsse, dass Sie als Familienvater Verantwortung zu tragen hätten, dass man manchmal auf die Zähne beißen müsse. Das klingt alles sehr vernünftig. Aber vernünftig ist nicht immer weise.

Ihr Job belastet Sie, das ist ein Problem, und zwar ein schwerwiegendes. Schließlich verbringen Sie den größten Teil Ihrer alles andere als unlimitierten Lebenszeit damit. Wem ist gedient, wenn Sie Ihr eigenes Wohlbefinden so weit zurückstellen, dass es überhaupt keine Rolle mehr spielt? Was haben Ihre Kinder von einem Vater, der morgens schon griesgrämig ist, weil er zu einer verhassten Tätigkeit aufbricht, und am Abend völlig erledigt ist davon? Was heißt das für Ihre Beziehung? Was heißt es für Sie selbst, wenn Ihr Daseinszweck sich einzig darauf beschränkt, Geld zu verdienen? Es ist ein fauler Handel, den Sie machen, indem Sie diese Stelle behalten. Nicht für Ihr Portemonnaie, aber für Ihre seelische Zukunft. Und die sollte Ihnen mehr wert sein.

»Muss man sich wirklich immer gleich trennen? Man kann doch an einer Beziehung arbeiten.«

Was Beziehungen anbelangt, existiert eine Reihe von bemerkenswerten Glaubenssätzen, die das Handeln von Millionen bestimmen – allerdings meist zum Schlechten. Einer dieser Glaubenssätze lautet: »Wenn zwei sich lieben, können sie jede Schwierigkeit meistern.« Und das ist ein fataler Irrglaube. Liebe bedeutet nicht automatisch, dass man zueinander passt. Sie bedeutet lediglich, dass man einander zugeneigt ist. Liebe kann jedoch keine Schwierigkeiten lösen, sie kann einen diese nur erdulden lassen – und das leider beinahe grenzenlos. Man sagt nicht umsonst, dass sie blind mache. Blind gegenüber der Inkompatibilität und dem Schmerz.

Natürlich muss man sich nicht »immer gleich« trennen. Das macht allerdings auch kaum jemand – obschon immer wieder zu hören ist, dass die Leute heutzutage beim ersten Konflikt davonliefen. Im Gegenteil, die Menschen möchten, dass ihre Beziehung funktioniert, und versuchen, ihre Probleme zu lösen. Aber es gibt eben Probleme, die nur deshalb entstanden sind, weil sich da zwei zusammengetan haben, die nicht zusammen sein sollten. Und dieses Problem ist unlösbar. An einer solchen Beziehung kann man nicht arbeiten. Zumal man ohnehin nur an einer Beziehung arbeiten kann, in der beide Partner:innen gewillt sind, an sich selbst zu arbeiten, aber das nur am Rande.

Man muss sich im Klaren sein darüber, was man von einer Beziehung erwartet und was für einen inakzeptabel ist. Und wenn man jemanden kennenlernt, muss man diese Fragen zu zweit erörtern. Denn an den Antworten wird sich nie etwas ändern. Nie hat jemand aufgehört zu sein, wie er ist. Man ist daher gut beraten, seine Verliebtheit mit einer guten Portion Nüchternheit zu würzen, bevor es ernst wird. Romantiker:innen leben nämlich bald sehr ungesund.

»Ich (w, 41) hatte eine sehr schwierige Kindheit. Es belastet mich bis heute, vor allem in Beziehungen. Was kann ich dagegen tun?«

Leider nichts. Ihre Kindheit ist wie das Drehbuch eines bereits produzierten Films. Andere haben vor langer Zeit entschieden, was geschieht, und was Sie heute zum Ergebnis sagen, ändert nicht das Geringste daran. Sie können nichts dagegen tun. Aber Sie können *damit* etwas tun, indem Sie es nämlich umdeuten vom Fluch zum Segen, von der Last zur Fähigkeit, vom Schmerz zur Kraft.

Gehen Sie – bloß als Gedankenspiel, es muss nicht Ihrer Haltung entsprechen – davon aus, dass Ihre ungeborene Seele sich Folgendes überlegt hat: Was möchte ich erleben auf der Erde? Woran möchte ich wachsen, inwiefern möchte ich mich entwickeln? Versuchen Sie Ihre Eltern nicht als unfähige Grobiane zu sehen, auch wenn sie es gewesen sind, sondern als Lehrmeister, die Sie darin unterrichtet haben, über den Schmerz und die Furcht hinauszuwachsen. Und das geht eben nur durch Schmerz und Furcht. Was könnte also die Lektion sein, die Ihre Eltern Ihnen vermittelt haben? Was ist aufgrund dessen Ihre Aufgabe im Leben? Inwiefern profitieren Sie und andere von den Einsichten, die Sie aus Ihrer Kindheit gewonnen haben? Schreiben Sie alles auf!

Was Ihre Beziehungen angeht, müssen Sie sich damit anfreunden, dass Sie einen seelischen Schaden haben. Vielleicht hilft es Ihnen zu wissen, dass fast alle einen haben, weil von fast allen Elternpaaren mindestens einer der beiden einen therapiewürdigen Knall hat. Reden Sie mit künftigen Partnern oder Ihrem aktuellen einfach offen darüber. Es ist nicht sinnvoll, so zu tun, als sei man souverän, wenn man es nicht ist. Eine Beziehung kann nur funktionieren, wenn man um die Schwachstellen des anderen weiß und sich bemüht, möglichst achtsam damit umzugehen. Wie auch mit den eigenen.

»Ich (m, 42) habe sehr hohe Ansprüche an mich und meine Umwelt. Wie schaffe ich es, großzügiger zu werden?«

Was die Anspruchskrankheit anbelangt, sind Sie offenbar ein milder Fall. Erstens, weil Sie erkannt haben, dass Sie selbst nicht verschont bleiben von den Erwartungen, die Sie an die Welt stellen. Und zweitens, weil Sie nicht fragen, wie Sie Ihre Mitmenschen dazu bringen, mehr zu leisten, sondern wie Sie es schaffen, Ihre Vorstellungen der Realität anzupassen. Ein echter Anspruchsjunkie würde genau das Gegenteil versuchen. Ihre Heilungschancen stehen also sehr gut. Doch das Bemühen um Großzügigkeit wäre reine Symptombekämpfung.

Die Frage ist ja nicht, was Sie unternehmen können, um Ihre Strenge loszuwerden – sondern woher Sie diese überhaupt haben. Die Antwort liegt auf der Hand: aus Ihrer Kindheit. Auf die eine oder andere Weise, verbal und non-verbal, werden Ihre Eltern Ihnen vorgelebt haben, dass Liebe etwas ist, das man sich hart erarbeiten muss: Nur wer brav und fleißig ist, nur wer durch eindrückliche Leistung hervorsticht, ist ein guter Mensch und somit einer, der Zuwendung verdient hat.

Das ist natürlich kompletter Humbug, aber dennoch eine weitverbreitete Überzeugung. Und wie das so ist mit den Überzeugungen: Sie schwimmen im Bewusstsein nicht sichtbar obenauf, sondern liegen tief auf dem Grund. Und von dort gilt es sie nun zu bergen.

Schreiben Sie auf, welche Glaubenssätze Sie im Zusammenleben mit Ihren Eltern erlernt haben. Streichen Sie dann durch, was Ihnen Missbehagen beschert, und ersetzen Sie es durch etwas, das Sie froh macht. Vielleicht so: »Liebe ist immer da für mich.« Oder: »Ich bin gut, wie ich bin, und alles ist gut, wie es ist.«

Sie sind die Herrin Ihrer Wahrheit, niemand sonst. Und großzügig werden Sie, indem Sie verstehen, warum Sie ungroßzügig geworden sind. Niemand kommt streng und hartherzig zur Welt.

»Viele Ehen starten glücklich, scheitern aber bald. Sollte man nicht das Prinzip aus der Großelternzeit walten lassen – ›Prüfe, wer sich ewig bindet‹?«

Doch, unbedingt. Bevor man sich ernsthaft aufeinander einlässt, sollte man in der Tat prüfen, ob die Beziehung das Potential besitzt, im Alltag zu bestehen. So machen es die frommen Juden, wenn sie Interesse aneinander haben: Sie treffen sich für ein offenes, radikal ehrliches Gespräch darüber, was sie von einer Beziehung erwarten, was für sie unerlässlich ist und was inakzeptabel – und gehen je nachdem wieder auseinander. Sie heiraten nur, wenn sie überzeugt sind, jemanden vor sich zu haben, mit dem sie sich auch wirklich verstehen.

Alle anderen jedoch vertrauen allein auf ihre Empfindungen. Und die sind anfangs immer großartig. Man kann gar nicht anders, als daraus eine sonnige Zukunft abzuleiten, aber das ist ein fataler Fehler, denn Anziehung und Kompatibilität sind nicht dasselbe. Darum fangen so viele Ehen märchenhaft an und enden schon bald im Fiasko: Weil die beiden Partner aus Liebe heiraten – statt aus Freundschaft – und erst danach entdecken, wie verschieden sie sind (oder sie wissen es und heiraten aus Trotz).

Man sollte alles daran setzen, die charakterlichen Differenzen vor der Hochzeit ans Licht zu schaffen. Und das geht nur, indem man darüber redet, wer man ist, was man braucht und was man keinesfalls in seinem Leben haben will. Das aber wiederum setzt ein entsprechendes Gespräch mit sich selbst voraus. All die schlechten Beziehungen da draußen sind nichts anderes als das Ergebnis davon, dass so viele Menschen überhaupt keine Ahnung haben, was ihnen guttut und was nicht. Drum prüfe, wer sich ewig bindet – aber zunächst einmal sich selbst. Und erst dann den anderen beziehungsweise die Verbindung zu ihm: Bringt mich das zum Blühen? Kann ich hier ich selbst sein? Werde ich verstanden? Wenn nein – Schluss damit. Besser wird es nämlich nie.

»Ein Freund hat sich während der Corona-Krise in einen Verschwörungsgläubigen verwandelt und redet nur noch von Bill Gates, der die Menschheit versklaven wolle.«

Damit ist er leider nicht allein. Eine ganze Reihe von einst vernünftigen Menschen ist in der Pandemie dem Glauben anheimgefallen, es gebe eine Verschwörung, die nur sie durchschauten, dank ihrer »Recherchen« auf YouTube – übrigens ein herrlicher Widerspruch. Leidenschaftlich empören sie sich über die Machenschaften »der Rothschilds« sowie über die Dummheit der »Schlafschafe«, die einfach nicht einsehen wollen, »was wirklich geschieht«. Ihrer Ansicht nach existiert Covid-19 gar nicht, sondern ist nur eine Lüge von »den Eliten«, um »Geheimpläne« ins Werk zu setzen.

Mit solchen Leuten kann man nicht diskutieren, da sie von den Märchen, die sie durch nichts belegen können, aber trotzdem pausenlos verbreiten, felsenfest überzeugt sind und jedes Gegenargument nur als Beweis werten, dass man den Lügen der »Propagandamedien« aufgesessen ist. Diese geistige Verirrung hat zwei Gründe: Erstens fehlt es den Betroffenen – meist infolge traumatischer Erfahrungen –

an innerem Halt. Die Verschwörungserzählungen, in denen alles perfekt zusammenpasst, bieten ihnen eine stabile Heimat, zumal sie sich im Kampf gegen das Böse auf der Seite der Guten wähnen dürfen. Das hat schon bei der Religion, dem Faschismus und *Star Wars* bestens funktioniert.

Und zweitens sind diese Leute ziemlich eitel. Sie halten sich für klüger als den Rest der Welt. Mythen, die scheinbar nur den Scharfsinnigsten zugänglich sind, sind da natürlich sehr willkommen – im Gegensatz zu allen, die eine andere Meinung haben und darum mit Links zu bizarren Videos und Texten bombardiert werden, damit sie endlich »aufwachen«. Das ist nicht nur ärgerlich, sondern ein Affront, auf den leider nur mit dem totalen Bruch zu antworten ist. Aus dem Reich der Verrückten ist ohnehin noch nie einer zurückgekehrt.

»Mein 18-jähriger Sohn lehnt mich (w, 48) richtiggehend ab. Dabei möchte ich einfach nur gut mit ihm auskommen. Was kann ich tun?«

Wenn wir vom Ablösungsprozess sprechen, meinen wir damit unsere Kinder. Dabei sind die Eltern genauso davon betroffen – und es fällt ihnen oft wesentlich schwerer. Vor allem den Müttern, die ihren Daseinszweck häufig auch dann noch in der Rundumbetreuung ihrer Kinder sehen, wenn das denen nur noch lästig ist.

Dass Ihr Sohn Sie ablehnt, ist nicht gegen Sie gerichtet, sondern gegen Ihr Verhalten. Sie sagen, dass Sie »einfach nur gut auskommen« möchten mit ihm – da liegt wohl der Hund begraben. Was tun Sie genau? Fragen Sie nach Dingen, die Sie nichts angehen? Geben Sie Tipps, die er nicht braucht? Sehen Sie in ihm generell den kleinen süßen Jungen, der er mal war und der sich nicht mehr knuddeln lassen will – oder eine erwachsene, unabhängige Person? Und kann es sein, dass Sie fürchten, ihn für immer zu verlieren, wenn Sie sich nicht ständig um ihn bemühen?

Lassen Sie sich gesagt sein: Ihr Sohn ist immer noch an einer guten Beziehung mit Ihnen interessiert. Das war als Kind so, das ist jetzt so, und das wird immer so sein. Aber er hat mittlerweile eine eigene Vorstellung davon, und die sollten Sie respektieren. Also hören Sie auf, ihn wie einen Grundschüler zu behandeln (achten Sie auch auf Ihren Tonfall), und lassen Sie mal ihn auf Sie zukommen. Das ist auch sein Bedürfnis. Aktuell dürfte er jedoch vor allem daran interessiert sein, einfach nur seine Ruhe zu haben vor dieser bedürftigen Glucke, die ihm ständig hinterherwatschelt. Das ist ja, was er ablehnt: Ihre Rückwärtsgewandtheit. Die Distanz, die er einnimmt, ist eine natürliche, gesunde Reaktion darauf. Freuen Sie sich, dass er so klar und selbstbewusst ist. Alles andere wäre alarmierend.

»Meine Freundin und ich (m, 33) sind uns nie einig, wo und wie wir unsere Ferien verbringen sollen. Die Kompromisse machen immer einen von beiden unglücklich.«

Beziehungen funktionieren am besten, wenn die beiden Partner einander in den zentralen Aspekten ähnlich sind. Wenn sie also einen ähnlichen Humor haben, eine ähnliche Weltanschauung, ähnliche Lebensumstände – und eine ähnliche Vision der gemeinsam verbrachten Zeit. Andernfalls herrscht ein endloses Gezerre darum, wer nun rechthabe und sich durchsetze, und das ist dann keine Partnerschaft, sondern ein Machtkampf, der täglich Kraft vernichtet und Schmerz generiert. Ein zentraler Aspekt ist beispielsweise die Kinderfrage: Will der eine welche, der andere aber nicht, wird die Beziehung daran zerbrechen – oder derjenige Partner, der nachgeben musste, um sie weiterzuführen. Die Ferienfrage ist hingegen nebensächlich, zumal sie ja nur wenige Wochen im Jahr betrifft. Solange Ihre Beziehung ansonsten gut funktioniert, Sie sich also wohlfühlen miteinander und nur diesen einen Streitpunkt haben, sollten Sie ihn nicht zum Zentralaspekt erheben. Dann sind Sie sich bezüglich der Feriengestaltung eben nicht ähnlich. Sobald Sie das akzeptieren, werden Sie zu Ihrem Wohlgefühl zurück- und neue Lösungen finden. Sie könnten beispielsweise einfach unabhängig voneinander Ferien machen. Oder abwechslungsweise bestimmen, wo's hingeht, und einander dabei freie Tage zugestehen. Es gilt, wie so oft, sich von der Idealvorstellung des Partners zu verabschieden und mit ihm einen Kompromiss auszuhandeln, mit dem beide gut leben können. Das ist, siehe Kinderwunsch, nicht immer möglich, und ein Kompromiss, den man nicht akzeptieren kann, ist ein Grund, die Beziehung zu beenden. Ihn aber gar nicht erst zu suchen, sondern vom Partner stattdessen die Selbstaufgabe einzufordern, ist ein Zeichen von mangelnder Reife. Setzen Sie sich also miteinander hin und seien Sie kreativ.

»Ich (m, 43) bin seit einem Jahr getrennt und habe wieder jemanden kennengelernt. Nun will mich meine Ex zurück. Sie droht, ich werde sonst meine Kinder nicht mehr sehen.«

Ihre Ex scheint ein zutiefst selbstunsicherer Mensch zu sein, der sich in seelischer Not nicht anders zu helfen weiß, als zu Psychoterror zu greifen. Das ist ebenso tragisch wie therapiewürdig – aber wie das eben so ist mit den tragischen Fällen: Sie gehen nie in Therapie, weil sie überzeugt sind, dass ihre Probleme sich lösen, wenn die Umwelt ihre Ansprüche erfüllt. Folglich setzen sie alles daran, dass die Umwelt das endlich kapiert.

Ihre Ex hat die Trennung anscheinend nie bewältigt, sondern betrachtet sie als Phase der Distanz oder gar als paradoxe Maßnahme zur Rettung der Beziehung, aber nicht als deren Ende. Nun, da Sie sich einer anderen Frau zugewandt haben, wird ihr bewusst, was Sache ist, weswegen sie gewaltsam versucht, die Realität ihren Idealvorstellungen anzupassen. Warum sie glaubt, das tun zu müssen, weiß sie vermutlich selbst nicht, jedenfalls scheint es ihr völlig egal zu sein, was Sie wollen. Sie ignoriert auch, dass Stress und Manipulation eine denkbar schlechte Basis für einen möglichen Neubeginn bilden. Stattdessen ordnet sie alles dem Ziel unter, dass der Kindsvater wieder an der Seite der Mutter steht. In welchem Zustand, spielt keine Rolle.

Machen Sie nicht den Fehler, auf diese Forderung einzugehen. Sie würden damit jeglichen Respekt verspielen, vor allem jenen vor sich selbst. Eine Beziehung soll man eingehen, weil man mit diesem Menschen zusammen sein will und nicht, weil man glaubt, das tun zu müssen. Sie brauchen auch keine Angst zu haben, dass Sie Ihre Kinder nicht mehr sehen. Sie sind der Vater und haben ein Anrecht darauf, sie hälftig zu betreuen. Wer Ihnen dieses Recht streitig machen will, ist ein niederträchtiger, herzloser Mensch. Das sollten Sie sich immer wieder vor Augen führen, wenn Sie erwägen, dem infantilen Drängen Ihrer Ex nachzugeben.

»Meine Eltern (86 und 89) wollen nicht ins Altersheim. Es wäre aber höchste Zeit. Wie gehe ich vor?«

Niemand will ins Altersheim! Es sind oft ziemlich triste Orte, und der Umzug dorthin ist nur ein vorbereitender Akt für den endgültigsten aller Umzüge – die Beerdigung. Es ist nichts anderes als vernünftig, sich dagegen zu wehren. Wer will schon von lauter alten Knackern umgeben sein und mit ihnen auf den Tod warten? Und wer will sich schon eingestehen, selber einer zu sein und sein Leben nicht mehr allein meistern zu können?

Für Sie ist die Sache ebenso unerträglich: Ihre Eltern, die Sie einst behütet und beschützt haben, benötigen nun selbst Umsorgung, und das kann schnell zu einem 200-Prozent-Job ausarten, von der emotionalen Belastung gar nicht erst zu reden. Es ist auch aus Ihrer Sicht nur vernünftig, einen Platz in einem Heim zu suchen für die beiden (ob Sie innerhalb nützlicher Frist einen finden, ist eine andere Frage). Womit einander zwei unvereinbare Positionen gegenüberstehen.

Mit logischen Argumenten werden Sie Ihre Eltern nicht überzeugen können, das haben Sie bestimmt schon versucht. Führen Sie lieber ein persönliches Gespräch: Fragen

Sie die beiden, was sie am Übertritt ins Altersheim genau belastet, und wie diese Dinge gemeinsam gemildert werden könnten. Ein Teil davon wird sich nicht beseitigen lassen – beispielsweise die Angst vor dem Tod. Aber es wird helfen, alles einmal offen an- und auszusprechen. Erstellen Sie zudem einen Plan, bei dem Ihre Eltern mitbestimmen dürfen, an dessen Ende aber der Umzug steht, und über den sollten Sie nicht mehr verhandeln. Es muss sein, es muss jetzt sein, und es muss auch Ihretwegen sein. Man ist auch in dieser Situation eine Familie und muss Rücksicht aufeinander nehmen. Und die geht immer in beide Richtungen. Daran dürfen Sie Ihre Eltern erinnern.

»Ich (m, 33) habe beim Online-Dating immer wieder Matches, aber nach der ersten Nachricht werde ich ignoriert oder gleich gelöscht. Warum?«

Zwar kennen alle dieses eine glückliche Tinder-Paar, aber üblicherweise berichten Singles fast ausschließlich von verstörenden Kontakten mit eleganten verheirateten Männern, die offen fremdgehen wollen, und von schönen Asiatinnen, die Investoren für dubiose Geldgeschäfte ködern. Und immer wieder passiert, was Sie beschreiben: Man gibt jemandem einen »Like«, freut sich über die Gegenseitigkeit, die in einem »Match« resultiert, schreibt – und hört nichts mehr. Und fragt sich: Warum liken, wenn man dann nicht weitermacht? Viele werden in solchen Fällen von Selbstzweifeln geplagt: Habe ich was falsch gemacht? Hat er oder sie sich meine Fotos nochmals genauer angeschaut und gemerkt, dass ich gar nicht so toll aussehe? Diese Fragen sind jedoch unbegründet, da nicht alle, die auf Dating-Apps aktiv sind, tatsächlich eine Beziehung suchen. Viele haben gerade eine hinter sich und wollen nur ihren Marktwert prüfen, andere suchen einfach ein bisschen Unterhaltung und gucken Tinder-TV, und eine ganze Reihe von Nutzer:innen hat schlicht keine Ahnung, was sie überhaupt wollen, sondern geben einfach einem diffusen Gefühl nach, wenn sie sich registrieren, verteilen dann mal hier, mal da einen »Like«, und sind offenbar zutiefst verstört, wenn sie feststellen, dass hinter dem Profil ein echter Mensch steht, der soeben konkret mit ihnen in Kontakt getreten ist und nun auf eine Antwort von ihnen wartet. Genau genommen ist ein »Match« der erste Schritt in eine intime Beziehung, und wenn man diese, aus welchen Gründen auch immer, gar nicht eingehen will, ist ein simples »Hallo, wie geht es dir?« natürlich schon zu viel, und man sucht gleich wieder das Weite. Beim Online-Dating geht es oft nur um Ego-Pflege, Langeweile und um Überforderung. Und nichts davon hat etwas mit Ihnen zu tun. Lassen Sie sich also nicht entmutigen!

»Ein alter Bekannter von mir, ein selbständiger Grafiker, hat schwere finanzielle und gesundheitliche Probleme. Ich unterstütze ihn immer wieder, weil er sich weigert, zum Sozialdienst zu gehen. Er will es unbedingt selber schaffen. Was kann ich tun, damit er sich helfen lässt?«

Die Frage ist hier vor allem: Was können Sie tun, um sich zu helfen? Es ist nobel, dass Sie jemanden in Not unterstützen, aber man sollte das nur bedingt tun, da erstens tatsächlich der Sozialdienst dafür da ist, und zweitens die Probleme oft viel tiefer liegen. Niemand, der in Not steckt, ist über Nacht da hineingeraten. Da lagen schon vorher destruktive Verhaltensweisen und falsche Entscheidungen vor, deren Konsequenzen sich über Jahre aufeinandergestapelt haben. Wenn Sie also nun kommen und eine dieser Schichten abtragen, indem Sie beispielsweise aktuelle Mietschulden tilgen, dringen Sie damit nicht zur Wurzel des Übels vor, sondern verschaffen diesem lediglich eine Atempause.

Hier wirkt ein negatives System, und wie alle Systeme will auch dieses überleben. Im Falle Ihres Bekannten heißt der entsprechende Satz »Ich will es selber schaffen«, aber offenbar gelingt ihm das ja nicht, und seine Weigerung, staatliche Hilfe anzunehmen, ist demzufolge nicht als falscher Stolz zu werten, sondern vielmehr als perfekte Maßnahme, um sein dunkles System am Leben zu erhalten. In diesem haben Sie offenbar eine tragende Rolle: Sie sind der verständnisvolle Tröster, der immer zuhört und den Geldbeutel öffnet, sobald es wirklich eng wird.

Wie gesagt: Das ist edel. Aber ist es auch klug? Helfen Sie Ihrem Freund damit wirklich – oder halten Sie ihn nicht vielmehr in seiner Unfähigkeit fest, sein Leben in den Griff zu bekommen? Helfen ist gut und richtig, aber nicht, wenn es missbraucht wird. Sie sollten Ihre Unterstützung sofort einstellen, auch auf der freundschaftlichen Ebene. Überlassen Sie die Behandlung dieses Falles den Profis und kümmern Sie sich wieder um sich selbst und um Dinge, die Ihnen guttun, statt Sie herunterzuziehen.

»Eine Freundin von mir (w, 29) will seit zwei Jahren Schluss machen, sagt aber immer, sie traue sich nicht, und der ›Aufwand‹ sei zu groß, wegen der Wohnung und des gemeinsamen Umfelds. Ich kenne ihren Freund auch und habe schon fast ein schlechtes Gewissen ihm gegenüber.«

Die Anzahl von Beziehungen, die nur deswegen weiterbestehen, weil einer der Partner oder beide den Prozess und die Konsequenzen einer Trennung scheuen, dürfte beträchtlich sein. Wobei »scheuen« nicht das richtige Wort ist – »in Panik erstarren« wäre wohl passender. Allein schon der Gedanke daran, der Partnerin oder dem Partner gegenübertreten und ihr oder ihm sagen zu müssen, dass es aus sei, und eventuell für längere Zeit allein zu sein, lähmt die Betroffenen komplett. Sie sind gefangen in ihrem Dilemma zwischen *gehen wollen* (wegen des bestehenden Unglücks) und *nicht gehen wollen* (wegen des befürchteten Unglücks) und können es nicht auflösen, weil die Angst vor der Trennung den Schmerz, den diese erzeugen wird, deutlich überwiegt.

Und das nicht ohne Grund: Eine Trennung ist ein extremer Schritt mit erheblichen Veränderungsfolgen. Man verletzt jemanden, steht überall als schlechter Mensch da und muss umziehen und die Einsamkeit erdulden – wer will das schon? Allerdings muss man auch fragen: Wer will schon jahrelang unglücklich sein? Eine Trennung ist schmerzhaft, gewiss, aber nicht für lange. Schon nach einem Monat kann man wieder lachen. Eine schlechte Beziehung hingegen kostet einen wertvolle Lebensjahre, in denen man gar nichts mehr zu lachen hat.

Machen Sie Ihrer Freundin das noch einmal deutlich und weisen Sie sie auch auf Ihren Loyalitätskonflikt hin. Es ist in der Tat unangenehm, auf diese Weise zum heimlichen Komplizen gemacht zu werden. Und schließlich müssen Sie sich auch fragen, warum Sie befreundet sein wollen mit jemandem, der sich selbst und seine Bedürfnisse nicht ernst nimmt, sich dauernd von neuem belügt und generell unaufrichtig ist. Die Nähe zu solchen Menschen tut einem nicht gut. Eine Trennung steht also möglicherweise – wenn Ihre Freundin nicht zügig handelt – auch Ihnen bevor.

»Meine Partnerin will viel mehr Sex als ich (m, 39). Mittlerweile ist das Thema sehr streitbehaftet.«

Was sexuelle Bedürfnisse anbelangt, werden diese interessanterweise meist nur anhand der Häufigkeit verhandelt. Sicherlich gibt es eine Schwelle, unterhalb deren man mit gutem Grund frustriert ist, aber ist ein Sexleben wirklich erfüllt, bloß weil es mindestens alle drei Tage stattfindet? Wäre Ihre Partnerin tatsächlich glücklicher mit mehr Sex? Oder meint sie eventuell anderen Sex? Was ist es, das sie genau unzufrieden macht? Das sind die Dinge, über die Sie miteinander reden müssen. Es reicht nicht, dass Ihre Partnerin Ihnen sagt, dass sie gern häufiger Sex hätte, denn ein solcher Hinweis wird Ihnen gewiss keine Erektion verschaffen. Sex findet nicht auf Geheiß hin statt, sondern infolge von Lust. Und deren größter Feind ist der Erwartungsdruck.

Die Kommunikationsverantwortung liegt aber nicht allein bei Ihrer Partnerin, sondern auch bei Ihnen. Streit ist ja nichts anderes als der missglückte Versuch, sich einander verständlich zu machen, und dazu werden auch Sie einen destruktiven Beitrag leisten. Teilen Sie Ihrer Partnerin also mit, wie es sich für Sie anfühlt, wenn man Sie einfach zum

Geschlechtsverkehr auffordert, als wären Sie ein Automat, und was Sie stattdessen genau brauchen, um in Fahrt zu kommen. Was Sie nicht so geil finden, ist klar – aber was finden Sie geil? Und dann stellen Sie dieselbe Frage Ihrer Partnerin. Sie werden dabei beide feststellen, dass die Lösung Ihres Problems nicht in mehr Sex besteht bzw. in der Einstellung des Wunsches danach, sondern in besserem Verständnis und damit mehr Nähe zwischen Ihnen. Der Grundstein für eine erfolgreiche Beziehung besteht schließlich darin, den anderen verstehen zu *wollen*.

»Meine beste Freundin hat sich umgebracht. Sie hat es nicht angekündigt und keine Erklärung hinterlassen. Ich bin stinkwütend auf sie. Ist das egoistisch?«

Nein, ehrlich. Es ist – neben Ihrer Trauer – das vorherrschende Gefühl, das eine solche Tat nun einmal auslöst. Hätte ein Krimineller Ihre Freundin getötet, wären Sie auf diesen wütend. Sie würden ihn hassen, weil er Ihnen einen geliebten Menschen geraubt hat, und alle würden Sie verstehen. Niemand würde Ihren Hass egoistisch nennen. Nun hat Ihre Freundin die Rolle des Mörders eingenommen, und Sie sind auf sie wütend. Weil aber jemand, der sich umbringt, offensichtlich verzweifelt gewesen ist und sehr gelitten hat, erlauben sich die Hinterbliebenen nur Mitleid, aber nicht die Wut, die sie in diesem Fall für völlig deplatziert hielten. Dabei spielt es letztlich keine Rolle, ob ein Dritter Ihre Freundin getötet oder diese sich selbst – eine Beziehung, die Ihnen wichtig war und die Sie gern weitergeführt hätten, ist gewaltsam beendet worden, und man hat Ihnen keine Möglichkeit gegeben, irgendeinen Einfluss darauf zu nehmen. Es ist nur logisch, dass Sie traurig, verletzt und wütend sind, und Sie sollten all Ihren Gefühlen den nötigen

Raum geben, indem Sie Ihrer toten Freundin einen Brief schreiben, den Sie laut vorlesen und nachher verbrennen, oder indem Sie in den Wald gehen und so lange fluchen, bis Sie keine Lust mehr darauf haben.

Irgendwann wird Ihre Wut verflogen sein und Sie werden Ihrer Freundin vergeben. Ihre Trauer aber wird bleiben. Sie werden lernen, liebevoll damit umzugehen und Ihrer Freundin so ein würdiges Andenken zu errichten. Sie werden sie nie wieder anrufen können, aber Sie werden merken, dass Sie trotzdem jederzeit zu ihr sprechen können. Mit etwas Übung können Sie sogar um ihren Rat fragen und in sich hineinhorchen, was Sie zur Antwort bekommen. Eines Tages werden Sie sogar wieder zusammen lachen.

»Ich (w, 31) will ein Kind, aber keinen
Mann dazu, höchstens zur Zeugung.
Meine Freunde finden mich egoistisch.«

Es ist ja auch ausgesprochen egoistisch. Ihr Vorhaben schließt aus dem Leben dieses noch nicht einmal geborenen Kindes die Vaterfigur komplett aus. Damit berauben Sie es einer der beiden Bezugs- und Identifikationspersonen, auf die es ein Anrecht hat und die auch beide wichtig sind für seine Entwicklung. Ein Kind braucht seinen Vater oder zumindest eine Vaterfigur genauso sehr wie seine Mutter. Wer es anders sieht, ist ein Sexist, und wer dafür sorgt, dass es anders herauskommt, ein Terrorist.

Leider gibt es für Frauen, die solche Absichten hegen, durchaus Möglichkeiten, sie in die Tat umzusetzen: Sie können die Dienste einer Samenbank in Anspruch nehmen oder sich, wie Sie es antönen, von jemandem schwängern lassen, der seine Schuldigkeit in Ihren Augen damit vollständig getan hat. Und da die hiesige Justiz und Moral in dieser Frage zur Ungerechtigkeit neigen, wird, wenn Sie es nicht wollen, auch niemand dafür sorgen, dass der leibliche Vater eine Rolle im Leben dieses Kindes spielt.

Dass Sie überhaupt auf solche Ideen kommen, wird aber seine Gründe haben, und es sind bestimmt keine erfreulichen. Vermutlich haben Sie in Ihrer Kindheit derart schlechte Erfahrungen gemacht, dass Ihnen das Modell »Kind ohne Vater« als geradezu genial vorkommt. Aber das ist es nicht. Es ist herzlos. In Ihnen brodelt allem Anschein nach eine fürchterliche Wut, vor allem auf Ihren eigenen Vater, und Sie sollten unbedingt einen Weg finden, diese konstruktiv freizulassen, am besten mit Hilfe einer Fachperson. Wenn Sie das nicht tun, werden Sie so oder so eine schreckliche Mutter. Seien Sie nett – zu sich und zu Ihrem ungeborenen Kind. Gönnen Sie ihm den Papa, selbst wenn er nicht Ihr Partner ist.

»Meine 16-jährige Tochter hat keine Ahnung, was sie später machen will. Sie interessiert sich nur für Rap und Street Art.«

Es gibt drei Arten von Karrieren: die linearen, die chaotischen und die gescheiterten. Erstere beginnen als eindeutiger Berufswunsch, meist schon im Kindesalter, und folgen diesem auf direktem Weg. Die chaotischen hingegen verlaufen auf Um- und Irrwegen und werden deshalb oft als chronisches Versagen verurteilt – gerade von den Eltern. Will heißen: Wenn ein Kind nicht frühzeitig eine bürgerliche Ansage über seine Zukunft macht, wähnt man es eigentlich schon auf dem Weg zum Sozialamt. Und das ist übler Humbug.

Für Sie wäre es gewiss entspannend, wenn Ihre Tochter schon als Mädchen Ärztin hätte werden wollen, dabei geblieben wäre und nun brav auf diesem Pfad wandelte. Sie bräuchten dann nicht zu zittern und zu zweifeln. Hier geht es aber nicht um Sie. Dass die Unentschlossenheit Ihrer Tochter Sie beunruhigt, ist allein Ihr Problem. Und Sie lösen es nicht, indem Sie sie bedrängen, im Gegenteil.

Ihre Tochter wird ihren Weg schon machen. Vielleicht wird sie bereits nächste Woche auf ein Berufsfeld aufmerksam werden, das sie begeistert. Vielleicht auch erst in zwei Jahren. Vielleicht begeistert sie eine ganze Weile lang mal dies, mal jenes. Vielleicht ist sie – darauf lassen ihre Interessen schließen, die Sie übrigens unnötig abwerten, indem Sie »nur Rap und Street Art« schreiben – ein künstlerischer Mensch, dem Unabhängigkeit und Selbstverwirklichung wichtiger sind als materielle Sicherheit. Wie auch immer: Ihre Tochter ist eine eigene Person mit eigenen Bedürfnissen und einem eigenen Schicksal, und Ihre Meinung zu alledem ist, verzeihen Sie, ziemlich irrelevant. Im Gegensatz zu Ihrer bedingungslosen Unterstützung. Und die leisten Sie am besten, indem Sie einfach vertrauen. Elterliche Ängste sind meist unbegründet und maßlos übertrieben.

»Eine Arbeitskollegin von mir verwendet sprachlich ständig geschlechtsneutrale Formulierungen. Mich stört es, aber sie findet, nur so werde Gleichberechtigung erreicht.«

Formulierungen wie »Mitarbeitende«, »Lehrpersonen«, »SchülerInnen«, »Schüler:innen« und »Schüler_innen« sind nicht schön, das stimmt. Im Falle der »Mitarbeitenden« sind sie sogar schlicht falsch, denn das Partizip Präsens hat bereits eine Funktion, nämlich eine gegenwärtige Tätigkeit auszudrücken. Die »Protestanten« sind nun einmal nicht das Gleiche wie »Protestierende«.

Es geht in dieser Diskussion aber nicht um Ästhetik, sondern um Respekt. Wenn aus neun Lehrerinnen und einem Lehrer »zehn Lehrer« werden, ist das sprachlich zwar korrekt, menschlich aber nicht. Und wenn eine dieser Lehrerinnen darauf hinweist, dass sie so zur Unsichtbarkeit verdammt sei, trifft das zu. Stellen Sie es sich umgekehrt vor: Sie sind einer von neun Polizisten, es kommt eine Polizistin hinzu, und man würde sagen, Sie seien »zehn Polizistinnen« – wie fänden Sie das? Absurd und unfair, oder?

Der Gender-Stern beziehungsweise Gender-Doppelpunkt hat aber nicht nur die Aufgabe, Frauen zu inkludieren, sondern überhaupt alle. Also auch Menschen, die sich keinem Geschlecht zuordnen. Und solche, die im Körper des einen leben, aber die Identität des anderen kultivieren. All diese Individuen haben ein Recht auf Sichtbarkeit, und wer darüber nur mit den Augen rollt, bestätigt damit die Kritik an der patriarchalischen Schreibweise.

Gleichberechtigung ist, wie Klimaschutz und Rassismusbekämpfung, kein Hobby für linke Freaks, sondern eine globale Aufgabe, der sich niemand entziehen darf. Es sind alles monumentale Herausforderungen für die Menschheit, und wenn Sie glauben, nichts dazu beitragen zu müssen außer Ihr kleinliches Missbehagen auszudrücken gegenüber jenen, die etwas ändern wollen, so ist das Ihre Entscheidung. Sie wird bei kommenden Generationen allerdings nicht sehr gut ankommen.

»Wieso bloß gilt in der Schweiz das Mittelmaß als Ideal?«

Das stimmt so ja nicht. In vielen Disziplinen gilt uns Schweizer:innen nicht das Mittelmaß als Ideal, sondern die Perfektion. Man denke an unsere Uhren, an den öffentlichen Verkehr, an das Rettungswesen, an die tadellose Bürokratie oder daran, wie wir große Bauprojekte stemmen. Als wir 2006 den neuen Gotthard-Eisenbahntunnel zu bohren begannen, sagten wir, er werde im Juni 2016 fertig sein, und im Juni 2016 war er fertig und kostete erst noch weniger als geplant. Da erblassen unsere deutschen Nachbarn mit ihrer Flughafen- und Bahnhoftragödie. Organisation und Technisches – da sind wir nicht Mittelmaß, sondern Weltklasse.

Geht es hingegen um das Menschliche, sieht es in der Tat anders aus. Da sind wir ganz das Bergdörflein, in dem ja keiner die Nase zu hoch tragen soll, da schauen wir peinlich genau darauf, ob einer aus der Reihe tanzt. Leider führt das dazu, dass wir ziemlich missgünstig werden, wenn jemand Erfolg hat. Oder nur schon eine Meinung. Das wird als Affront gegenüber der Gemeinschaft empfunden und führt zu subtilen Ausschlussverfahren. Mit den Schweizer:innen kommt man daher am besten aus, wenn man möglichst stromlinienförmig unterwegs ist: politisch nicht zu rechts und schon gar nicht zu links, von der Stimmung her nicht allzu fröhlich, das erzeugt Skepsis, und in Gesprächen keinesfalls persönlich werden, das kommt ebenfalls schlecht an.

In der Politik schließlich pflegen wir eine erfreuliche Form des Mittelmaßes, nämlich die Mäßigung. Wir haben keine einzelne Person an der Spitze, sondern ein Kollegium von sieben Bundesrät:innen, das sich wiederum aus den stärksten politischen Parteien zusammensetzt. Die Folge ist Stabilität. Es hat Vor- und Nachteile, dass wir sind, wie wir sind, aber die Vorteile überwiegen definitiv.

»Ich (w, 40) gerate immer wieder an den gleichen Typ Mann: groß, gutaussehend und total unzuverlässig. Am Ende stehe ich immer abgesägt da. Wie kann ich diesen Kreis durchbrechen?«

Indem Sie sich diese Frage stellen, sind Sie auf einem guten Weg: Sie erkennen, dass Sie ein spezifisches Beuteschema haben und dass dieses zu Problemen führt, die Sie nicht mehr haben wollen. Und anstatt sich einzureden, mit dem nächsten Mann werde alles besser, ahnen Sie, dass es mit dem nächsten Mann genau gleich ablaufen wird. Sie haben eine beobachtende Position eingenommen, aus dem Willen heraus, dieses Muster zu durchbrechen. Was wiederum dem Willen entspringt, eine harmonische Beziehung zu führen. Und der wiederum gründet im festen Glauben an eine solche. Sie sind überzeugt, dass es besser werden kann, und übernehmen die Verantwortung dafür. All das ist, wie man so schön sagt, schon mal die halbe Miete.

Die andere Hälfte wird etwas unangenehm. Sie besteht aus einem scharfen Blick in Ihre Kindheit. Wie waren Ihre Eltern zu Ihnen? Wie waren sie zueinander? Vermutlich war Ihr Vater ebenfalls unzuverlässig oder sonst wie absent, aber auch das Verhalten Ihrer Mutter wird Spuren in

Ihnen hinterlassen haben. Mit seiner Partnerwahl belohnt oder bestraft man sich, und wenn man sich mit seiner Partnerwahl immer wieder bestraft, dann nur, weil die Eltern einen bestraft haben, auf ihre ganz eigene Weise.

Nehmen Sie also einen Zettel und schreiben Sie auf, was Ihre Mutter Ihnen angetan hat und was Ihr Vater Ihnen angetan hat – ganz sachlich. Und auf einen weiteren Zettel schreiben Sie, wie es heute sein soll. Wenn nie gut genug war, was Sie getan haben, schreiben Sie: »Ich genüge mir und allen, die mir nahe sind.« Wenn man Ihre Meinung nicht respektiert hat, schreiben Sie: »Meine Empfindungen sind gültig und wertvoll.« Den ersten Zettel verbrennen Sie, den zweiten hängen Sie dort auf, wo Sie ihn immer sehen. Lesen Sie immer wieder laut vor, was darauf steht. Der nächste Mann wird es auch so sehen.

»Meine beste Freundin konsumiert gern Koks, wenn sie ausgeht. Ich warne sie immer wieder vor dem Suchtrisiko, aber sie lacht mich nur aus und meint, es würden doch alle koksen.«

Stimmt ja auch. Wenn man liest, dass am Flughafen Zürich pro Quartal circa 15 Kilogramm Kokain beschlagnahmt werden, bekommt man eine ungefähre Vorstellung davon, was für eine ungeheure Menge von dieser Droge über diesen und andere Wege unbehelligt ins Land gelangt – und wohlgemerkt nachher noch gestreckt wird. Kokain ist mittlerweile so günstig, dass es quer durch alle Schichten konsumiert wird. Und da es körperlich nicht abhängig macht, erliegen die Konsument:innen dem fatalen Glauben, lediglich eine Art konzentrierten Pulverkaffee zu sich zu nehmen.

Die psychische Abhängigkeit jedoch ist enorm. Gerade Menschen in labiler seelischer Verfassung sind anfällig für das euphorische, selbstsichere Gefühl, das ihnen das Kokain-High beschert. Sie finden darin eine einfache und zuverlässige Zuflucht vor ihrem problematischen Selbstwert. Das ist es ja, was Sucht letztlich ausmacht: die Überzeugung, einzig im Konsum ein positives Lebensgefühl zu erlangen. Wüsste ein Säufer, wie er ohne Alkohol fröhlich und entspannt sein kann, würde er niemals zum Glas greifen. Dasselbe gilt für den Kokser. Und beide sind gezwungen, ihre Sucht zu beschönigen, vor sich und anderen. In der Folge werden sie zu notorischen Lügnern, die je länger, je mehr alles ihrem Konsum unterordnen: ihre Arbeit, ihre Beziehung, ihre Familie, ihre Freundschaften. Alles ist weniger wichtig als die drogeninduzierte Freiheit von Angst, Zweifel und Selbstablehnung.

Ihre Freundin braucht dringend Hilfe. Die wenigsten Kokainsüchtigen gestehen sich dies ein, zumal sie ein nach außen hin normales Leben führen. Die Frage ist jedoch weniger, wie Sie ihr helfen können, sondern vielmehr, wieso ein solcher Mensch Ihre beste Freundin sein kann. Was soll das für eine Freundschaft sein? Worauf basiert sie wirklich?

»Mein Mann schnarcht sehr laut. Ich halte es kaum mehr aus. Er meint nur, das sei eben so.«

Damit sind Sie nicht allein. Viele Frauen leiden unter dem Schnarchen ihres Mannes. Für dieses Leiden gibt es verschiedenste Ursachen – einen vergrößerten Zungengrund, der die Atmung erschwert, Polypen in der Nase, Alkoholkonsum, der die Muskeln im Rachenraum erschlaffen lässt, oder die sogenannte Retrognathie, also das Zurücksinken des Unterkiefers während des Schlafes. Ein Spezialist kann die nötigen Abklärungen machen und die passende Behandlung ermitteln. Schnarchen ist mitnichten ein Schicksal, dem keiner entrinnen kann. Da liegt Ihr Mann falsch.

Als Sofortmaßnahme werden Sie nicht umhinkommen, in einem anderen Raum zu schlafen (beziehungsweise Ihren Mann dorthin zu verbannen), um dem Getöse zu entfliehen. Schlafentzug ist ein ernsthaftes Problem, das die Lebenskräfte drastisch minimiert, und es ist keineswegs Ihre eheliche Pflicht, das zu erdulden. Vielmehr ist es die Pflicht Ihres Mannes, alles Nötige dafür zu tun, damit Sie ruhig schlafen können, selbst wenn das bedeutet, mit Ihnen in eine Wohnung mit zwei Schlafzimmern umzuziehen – oder Ihnen bis zu seiner Genesung sogar eine eigene Wohnung zu finanzieren. Gesetzt den Fall natürlich, dass ihm weiterhin an Ihrer Nähe gelegen ist – und Ihnen an seiner. Sich füreinander einzusetzen und Anstrengungen für eine gemeinsame Zukunft auf sich zu nehmen, ergibt nur Sinn, wenn man damit einer inneren Überzeugung folgt und nicht gesellschaftlich-moralischen Erwartungen. Anders gesagt: Vielleicht merken Sie ja, dass Ihr Mann Ihr Wohlbefinden nicht nur durch sein Geschnarche beeinträchtigt, sondern überhaupt durch seine Nähe. Auch die müssen Sie nicht erdulden, wenn Ihnen nicht länger danach ist. Dass Ihr Mann sich Ihren Beschwerden gegenüber so ignorant zeigt, spricht jedenfalls nicht für ihn.

»Mein Ex-Partner distanziert sich mehr und mehr von unseren beiden kleinen Kindern. Was kann ich tun?«

Eine kurze moralische Auslegeordnung: Es ist legitim, eine Beziehung zu beenden. Niemand, der sich trennt, ist deswegen ein schlechter Mensch. Es ist auch legitim, eine Beziehung zu beenden, wenn man Kinder hat – ja, es ist je nachdem sogar geboten, denn eine destruktive Beziehung ist für Kinder erst recht destruktiv. Nicht legitim ist es hingegen, eine Beziehung zu beenden und seine Kinder quasi dort zurückzulassen. Das ist hochgradig egoistisch und außerdem eine Form von Missbrauch.

Kinder können nichts dafür, dass sie geboren werden, und genauso wenig dafür, dass ihre Eltern nicht mehr miteinander auskommen. Sie sind sensible, verletzliche Wesen, die Verständnis, Einfühlung und Geborgenheit brauchen. Und diese Verantwortung verschwindet nicht, bloß weil die Zuneigung zum anderen Elternteil verschwunden ist. Natürlich ist es mühsam, einen Alltag zu organisieren mit jemandem, den man eigentlich nicht mehr sehen möchte. Aber das ist ja der Punkt: Es geht nicht darum, was man selber mühsam findet, sondern darum, was die Kinder brauchen. Deren Bedürfnisse stehen auch nach der Trennung an oberster Stelle.

Machen Sie das Ihrem Ex-Partner klar. Und auch, dass er seinen Kindern enormen seelischen Schaden zufügt, wenn er sich nicht um sie kümmert. Versuchen Sie, mit ihm den kleinsten gemeinsamen Nenner zu finden. Es ist von niemandem zu viel verlangt, jeden Samstag zwei Stunden mit dem eigenen Kind zu verbringen. Sollte nicht einmal das möglich sein, ist dieser Mann ein unverbesserlicher Mistkerl, und dagegen ist leider kein Kraut gewachsen. Fragen Sie sich aber (und auch ihn), was *Sie* dazu beitragen, dass er so wenig Lust hat, sich mit seiner Familie auseinanderzusetzen. Vielleicht liegt dort noch Spielraum? In Ihren unentdeckten Gefühlen und Verhaltensmustern?

»Meine Mutter ist ein schwieriger, respektloser Mensch. Eigentlich möchte ich (w, 52) nichts mit ihr zu tun haben. Allerdings hat sie niemanden mehr außer mir.«

Mit respektlosen Menschen, und davon gibt es leider viele, hat man in der Tat besser nichts zu tun. Die Nähe zu ihnen ist verletzend und hält einen klein. Und man kann ihnen noch so ausführlich erklären, weshalb ein netteres Verhalten angebracht wäre – es bringt nichts. Respektlose Menschen kennen zwar das Wort Respekt, verstehen aber seine Bedeutung nicht, weil sie selber nie Respekt erlebt haben. Sie sind selber respektlos behandelt worden und glauben, diese Art des Umgangs sei normal – und damit harmlos. Sie kennen keine verbale Grenze und halten jeden, der sie dafür kritisiert, für überempfindlich.

Wer mit ihnen befreundet ist oder gar zusammenlebt, sollte schleunig damit aufhören. Wer sie aber zur Mutter beziehungsweise zum Vater hat, steht vor einem delikaten Problem. Denn ein Partner kann leicht zum Ex-Partner werden, aber die Mutter bleibt immer die Mutter. Es stellt sich also die Frage nach dem erträglichen Maß.

Antworten Sie spontan: Wie oft möchten Sie Ihre Mutter sehen? Was auch immer Ihnen nun eingefallen ist, entspricht dem, was Ihre Seele bereit ist zu erdulden. Falls das nur einmal pro Jahr ist, dann ist das eben so. Nun meldet sich aber, wie schon in Ihrer Fragestellung, sogleich das schlechte Gewissen: Aber es ist doch meine Mutter! Ich kann doch nicht so sein! Sie ist doch einsam!

Nun, das ist nicht Ihre Schuld. Nichts von dem, was Ihre Mutter ausmacht, damals wie heute, ist Ihr Fehler. In der Folge ist es auch nicht Ihre Aufgabe, irgendetwas daran zu ändern oder dafür geradezustehen. Ihre Aufgabe besteht vielmehr darin, sich zu fragen, was Ihnen guttut, nicht nur hier, sondern überhaupt, und konsequent danach zu handeln. Das kostet Mut und erzeugt Konflikte, gewiss, aber wenn andere einem keinen Respekt entgegenbringen, muss man ihn sich eben verschaffen.

»Meine Frau redet nur oberflächlich mit mir (m, 47). Wie ihr Tag im Büro war und so weiter. Wie bringe ich sie dazu, mehr von sich zu erzählen?«

Smalltalk ist eine populäre Methode, alles Persönliche großräumig zu umschiffen. Wer über das Wetter spricht, muss nicht davon reden, wie verregnet es in ihm selber aussieht, und wer sich über die Weltpolitik ärgert, braucht nicht zu berichten, was ihn persönlich in Rage versetzt. Konsequenterweise lautet die Antwort auf die Frage, wie es jemandem gehe, fast immer: »Gut!« Dabei ist das fast immer gelogen, denn wir alle tragen mehr als genug Themen in uns herum, die uns beschäftigen und nach heilsamer Aufmerksamkeit verlangen. Über sie zu sprechen, macht aber unsicher und verletzlich. Außerdem braucht es Mut und vor allem Vertrauen: Man möchte, wenn man sich öffnet, verstanden werden und auf Mitgefühl stoßen. Und nicht nur eine Plattitüde hören oder gar eine Maßregelung, wie es leider oft geschieht. Dass so viele Menschen nur Oberflächlichkeiten austauschen, liegt wohl auch daran, dass sie überzeugt sind, mit allem anderen kein Gehör zu finden. Im schlimmsten Fall lebt man zusammen, hat aber keine Ahnung, wie es dem anderen wirklich geht, und weiß es auch von sich selbst nicht mehr so genau.

Dabei ist der intime Austausch, gerade der nichtkörperliche, eines der wichtigsten menschlichen Bedürfnisse. Man vereinsamt, wenn man niemanden hat, mit dem man offen reden kann, und diese Vereinsamung ist schmerzhaft, wie Sie ja feststellen. Doch anstatt sich zu überlegen, wie Sie Ihre Frau dazu bringen, sich zu öffnen, sollten Sie selbst diesen Schritt tun und ihr sagen, was Sie umtreibt.

Vielleicht ist ja genau dies ein gutes Thema: dass Sie unter der verkümmerten Kommunikation in Ihrer Beziehung leiden. Ihre Partnerin wird bestimmt erleichtert sein, dass Sie mit Ihnen darüber reden kann. Kommunikation ist eine Form von Kultur; sie ist nicht einfach da, man muss sie immer weiter erarbeiten.

»Mein bester Freund hat mich gefragt, ob ich (m, 32) Pate seiner Tochter werden will. Ich zögere, weil ich seine ständig schlecht gelaunte Partnerin nicht ausstehen kann.«

Ihre Begründung ist einleuchtend, aber vermutlich eine Ausrede. Ihr Zögern ist wohl eher darin begründet, dass dieser Mann schon lange nicht mehr Ihr bester Freund ist – und sich nie etwas ereignet hat, das Sie dazu genötigt hätte, sich dies einzugestehen. Nun, mit dem Patenschaftsantrag, ist ein solches Ereignis eingetreten: Sagen Sie Ja, verpflichten Sie sich für den Rest Ihres Lebens – dem Kind, aber auch dessen Eltern. Schrecken Sie jedoch hiervor zurück, vor allem vor Letzterem, müssen Sie konsequenterweise Nein sagen, was dann aber – ebenso konsequenterweise – auch ein Nein zu Ihrer Freundschaft ist. Das Hadern, das Ihnen aus diesem Zwiespalt erwächst, ist gewiss leicht an der unerfreulichen Wesensart der Partnerin festzumachen, tatsächlich aber dem Umstand geschuldet, dass jemand, dem Sie mal nahegestanden sind, mit einer Frau zusammen ist, die ihm das Leben zur Hölle macht, und daran nichts ändert. Ihr Freund ist es, von dem Sie abgestoßen sind, nicht seine Partnerin. Sie können mit diesem Menschen heute nichts mehr anfangen. Es ist sehr unschön, so was festzustellen, aber letztlich ist es egal, warum man keine Lust mehr hat, jemanden weiterhin in seinem Leben zu haben. Eine Beziehung, die nur Anlass zur Klage gibt, die man sich als Drittperson ständig anhören muss, ist ein ziemlich guter Grund dafür. Manchmal hat man sich auch schlicht nichts mehr zu sagen, weil die Ähnlichkeiten, die einst zur Freundschaft geführt haben, nicht mehr vorhanden sind. Wichtig ist aber nur diese eine Frage: Wie nahe will ich diesem Menschen sein? Wenn die spontane Antwort lautet »sehr nahe«, dann können Sie problemlos Pate werden. Lautet sie aber »nicht mehr nahe«, dann sollten Sie das keinesfalls tun – aber aufrichtig Ihre Gründe dafür nennen. Das ist man einander schuldig.

»Ich (w, 36) habe nun schon zum vierten Mal einen ›Rammler‹ erwischt, also einen Liebhaber, der wie ein Karnickel kopuliert. Was stimmt nicht mit diesen Männern?«

Obwohl Sex die größtmögliche Annäherung zwischen zwei Menschen darstellt, bedeutet das noch lange nicht, dass diese einander dabei auch im übertragenen Sinne nahe sein müssen. Es ist wie bei einer Autofahrt: Fahrer:in und Beifahrer:in können ein freudig-vertrautes Gespräch führen – oder überhaupt keines, weil sie sich, wie etwa im Taxi, nicht für die Reise und auch nicht für die Gesellschaft interessieren, sondern nur für das Ziel.

Das ist es wohl, was mit den Rammlern nicht stimmt: Sie haben einzig ihren Höhepunkt vor Augen, und das Empfinden der Partnerin ist ihnen offenbar völlig egal. Als Sex kann man so was eigentlich nicht bezeichnen, eher als erweiterte Masturbation. Und das Erschreckende und Bedauernswerte daran ist, dass es sich allem Anschein nach nicht um eine Entscheidung handelt, wenn einer sich so verhält, sondern um das Höchstmaß seiner Möglichkeiten. Mehr liegt da schlicht nicht drin.

Nun ist es aber so, dass Sie keineswegs verpflichtet sind, einen Rammler einfach fertigrammeln zu lassen. Schließlich ist es auch Ihr Sexerlebnis, und wenn dieses sich für Sie nicht richtig anfühlt, haben Sie nicht nur das Recht, eine sofortige Kursänderung einzuleiten, sondern auch die Pflicht dazu. Denn zuzulassen, dass einer sich rücksichtslos an Ihnen abreagiert, ist genau gleich despektierlich.

Sollte es also, was Ihnen nun wirklich niemand wünscht, abermals so weit kommen, intervenieren Sie bitte sofort und klären Sie den armen Kerl mit sanften, aber deutlichen Worten darüber auf, was es heißt, mit einer Frau zu schlafen: dass dies ein Geschenk ist, keine Dienstleistung, und dass es für beide ein Vergnügen sein soll. Begreift er es nicht, müssen Sie die Sache sofort beenden. Nur weil Sex zur Verfügung steht, ist er nämlich nicht zwingend sinnvoll. Er kann sogar schaden.

»Ich will meine Organe nicht spenden. Das ist irrational, aber bin ich deswegen ein schlechter Mensch?«

Nein. Es sind ja *Ihre* Organe. Was damit geschehen soll, bestimmen allein Sie, und wenn Sie nicht möchten, dass man sie Ihnen entnimmt, ist das eine legitime Haltung, die Sie nicht zu rechtfertigen brauchen.

Natürlich können Organe Leben retten, und natürlich ist es edel, seinen Körper zu diesem Zweck zur Verfügung zu stellen. Es gibt aber einige Dinge zu bedenken:

1. Als Grundlage für die Organentnahme dient die Bedingung des Hirntodes, dass also der Körper nur noch mithilfe von Maschinen weiterlebt, nicht mehr durch Aktivitäten des Hirnstammes. Denn die Organe eines endgültig verstorbenen Menschen sind ebenfalls tot und somit nicht für Transplantationen zu gebrauchen. Ob ein Körper aber von allein lebt oder nur noch durch ein Beatmungsgerät, ist letztlich nicht relevant, denn er lebt in beiden Fällen. Es stellt sich also eine ethische Frage. Man kann die Entnahme von Organen am lebenden Körper als vorsätzliche Tötung bezeichnen.

2. Was diese Erfahrung genau bedeutet, wissen auch die leidenschaftlichsten Befürworter:innen der Organspende

nicht, und befragen kann man sie ja hinterher nicht. Die Möglichkeit, dass die Organentnahme trotz aller Schmerzmittelabgabe als traumatisierend erlebt werden könnte, muss man bei der Einwilligung daher in Kauf nehmen.

3. Was geben wir anderen mit, wenn wir ihnen unsere Organe zur Verfügung stellen? Es ist ein wenig zu vergleichen damit, jemanden in unserer Wohnung leben zu lassen. Wie ist das für diesen Menschen? Fühlt er oder sie sich wohl? Und wie fänden Sie das überhaupt? Die Wissenschaft kann nicht sagen, ob mit einem Spenderorgan auch seelische Anteile weitergegeben werden.

Es geht in dieser Frage um sehr viel. Abschließende Antworten gibt es keine. Es ist eine persönliche zu finden, mit der sich gut leben lässt. Und eben auch gut sterben und gut tot sein.

»Mein neuer Partner redet sehr viel – auch dann, wenn ich deswegen verstumme. Wie sage ich (w, 39) ihm, dass es mir zu viel ist?«

Allem Anschein nach haben Sie getan, was heute üblich ist: Man trifft jemanden, fängt an, mit ihm zu schlafen, und findet erst dann heraus, was das überhaupt für ein Mensch ist. Und dass er ein, zwei Eigenschaften hat, die einen, hätte man von ihnen gewusst, schleunig hätten das Weite suchen lassen. Ebenfalls populär ist der Versuch, dem Partner besagte Eigenschaften auszutreiben, anstatt sich wieder zu verabschieden und beim nächsten Mal etwas genauer hinzuschauen.

Mit anderen Worten: Sie haben diesen Mann etwas vorschnell zu Ihrem Partner gemacht. Es wäre schlau gewesen, sich zurückzuhalten und erst mal zu beobachten, wie Sie sich in seiner Gesellschaft fühlen. Dann hätten Sie gemerkt: Ich finde den nett und attraktiv, aber er redet eindeutig zu viel, ich lass es besser. Bestimmt hörten Sie diese Stimme auch in Ihnen, aber offenbar haben Sie sie ignoriert. Jetzt haben Sie das Geschenk – einen Mann, der in Ihrem Bett liegt und dort zu viel redet – und fragen sich, wie Sie ihn da wieder rausbringen.

Generell kommt man mit respektvoller Offenheit am schnellsten zum Ziel. Sagen Sie ihm, dass Sie sich mit ihm grundsätzlich wohlfühlten (sofern das stimmt!), dass Sie aber den Eindruck hätten, kaum zu Wort zu kommen, und sich deshalb etwas bedrängt fühlten. Vielleicht ist der arme Kerl ja schlicht damit überfordert, eine tolle Frau gefunden zu haben, und überspielt das durch zwanghaftes Geplapper. Vielleicht ist er aber auch ein hemmungsloser Schwätzer – Sie müssen selber herausfinden, was Sache ist. Übernehmen Sie also Verantwortung für Ihr Wohlbefinden und reden Sie. Sagen Sie, was Sie denken und was Sie stört. Nichts zu sagen ist immer die schlechteste Wahl und hat noch nie ein Problem gelöst. Sondern immer nur verschlimmert.

»Der Vater meiner Kinder macht mich (w, 41) auch vier Jahre nach der Trennung noch für diese verantwortlich. Bei fast jedem Kontakt kommen Vorwürfe.«

Geschieht ein Unfall oder ein Verbrechen, ermittelt die Polizei den Schuldigen und führt ihn der Justiz zu. Denn das Gesetz besagt, dass jemand, der andere schädigt, bestraft werden muss. Die gleiche Logik wenden wir auch in unserem Privatleben an, wenn unser Partner die Beziehung beendet: Dann erklären wir uns zum Opfer und ihn zum Täter und bestrafen ihn, indem wir ihm hemmungslos zürnen, mitunter jahrzehntelang.

Dem liegen jedoch mehrere Denkfehler zugrunde. Erstens haben Beziehungen keine Ewigkeitsgarantie, sondern währen nur so lange, wie beide Partner sie führen wollen. Deshalb gibt es – zweitens – im Fall der Trennung auch keinen Bösewicht, der die Beziehung quasi zerstört. Vielmehr findet einer der beiden Partner den Mut auszusprechen, was beide längst fühlen: Es ist vorbei. Und drittens sind Trennungen einschneidende Erlebnisse, die alte Wunden wieder aufbrechen lassen können. Der Partner, der einen »verlässt«, kann einem den Eindruck vermitteln, nicht liebenswert zu sein; und wer das aus der Kindheit kennt, erlebt eine explosive Mischung aus alten und neuen Ablehnungsgefühlen und kann die einen nicht von den anderen unterscheiden.

Es ist offensichtlich, dass Ihr Ex-Partner Sie für Verletzungen verantwortlich macht, mit denen Sie nichts zu tun haben, und Ihnen eine Entscheidung nachträgt, die Sie nicht gegen ihn gefällt haben, sondern für sich. Offensichtlich ist auch, dass ihm das alles nicht bewusst ist, sonst würde er Sie nicht seit vier Jahren dämonisieren. Setzen Sie sich also mit ihm hin und fordern Sie ihn auf, Ihnen alles an den Kopf zu werfen, was in ihm gärt. Darauf haben Sie gewiss keine Lust, doch es ist notwendig, um Sie beide von diesem Fluch zu befreien. Helfen Sie Ihrem Ex, indem Sie nachfragen, was ihn genau so schmerzt und warum. Er wird dann bestimmt sehen, was wo hingehört.

Sich als Eltern zu trennen ist eine gewaltige Herausforderung: Eigentlich möchte man nichts mehr miteinander zu tun haben, muss aber, weil man ein Kind zusammen hat. Dieses kann durch die verletzten und verurteilenden Emotionen der getrennten Eltern jedoch erheblich in Mitleidenschaft gezogen werden. Es ist daher, dem Wohl des gemeinsamen Kindes zuliebe, unbedingt ein respektvoller und konstruktiver Umgang zu erarbeiten.

Für diese Aufgabe, an der auch die besonnensten Geister immer wieder scheitern, gibt es viele gute Unterstützungsangebote. Zögern Sie bitte nicht, diese Hilfe in Anspruch zu nehmen – Ihr Kind profitiert erheblich davon, und Sie übrigens auch. Die Psychiatrische Universitätsklinik Zürich bietet zum Beispiel den Kurs »Kinder im Blick« an (kinderimblick.ch).

»Wieso lernen die Juden nichts aus ihrer eigenen Geschichte? Sie machen mit den Palästinensern das Gleiche, was die Nazis mit ihnen gemacht haben.«

Hier treffen mehrere populäre Irrtümer aufeinander. Der harmloseste besteht in der Erwartung, dass der Mensch aus der Geschichte lerne. Hätte er diese Fähigkeit, würden nirgendwo mehr skrupellose Lügner an die Macht kommen, weil längst bekannt ist, dass solche Leute nicht das Wohl des Volkes im Sinn haben, sondern nur ihr eigenes. Dennoch wird ihnen immer wieder Vertrauen geschenkt. Dabei ist der Mensch nicht dumm, er ist lediglich nicht in der Lage, den nötigen Abstand zu seinen Emotionen einzunehmen. Sie kontrollieren ihn praktisch komplett und sind somit seine unmittelbarste Realität. Dagegen hat etwas Abstraktes und Fernes wie »die Geschichte« keine Chance. Was uns zum nächsten Punkt bringt.

Es trifft zu, dass Israel Gebiete besetzt hält, deren Bevölkerung dadurch unterdrückt wird. Und man könnte in der Tat denken, dass ein Volk, das selber Unterdrückung erlebt hat, alles unternimmt, um andere davon zu verschonen. Aber so funktioniert das erstens nicht, siehe oben, und zweitens gründet Israels übertriebene Wehrhaftigkeit nicht in faschistischem Wahn, sondern in einer tatsächlichen Bedrohungslage. Es ist aber kein Holocaust, den Israel betreibt; es gibt keine Deportationen, keine Massenerschießungen, keine Vernichtungslager und auch sonst nichts, was diesen Vergleich zulässt, am allerwenigsten die Opferzahl.

Israels Methoden sind oft fragwürdig, aber Nazi-Methoden sind es nicht. Vor allem aber muss zwingend zwischen dem Staat Israel und »den Juden« unterschieden werden, von denen die Mehrzahl anderswo lebt und nichts mit der israelischen Politik zu tun hat. Wer dennoch bar jeder Sachlichkeit alles in denselben Topf wirft, sollte sich fragen, welches Ressentiment ihn dazu verleitet. Und warum er sich genau dieses Thema für seine Empörung ausgesucht hat. Vielleicht, weil »den Juden« insgeheim sowieso alles Üble zugetraut wird?

»Meine Geliebte – ich (m, 46) bin wie sie verheiratet – hat sich von ihrem Mann getrennt. Ich habe das hintenrum erfahren und fühle mich total verarscht.«

Sie pflegen eine bemerkenswerte Logik. Offenbar hatten Sie überhaupt kein Problem damit, Ihrer Frau untreu zu werden. Auch nicht damit, diese darüber im Unwissen zu lassen. Und auch nicht damit, an Ihre Geliebte den Anspruch zu stellen, Ihnen gegenüber ehrlich und treu zu sein – was Sie beide gegenüber Ihren jeweiligen Partnern wohlgemerkt nicht waren. Und nun, da sich Ihr schönes Arrangement verändert hat, ohne Ihr Wissen und Einverständnis, sind Sie gekränkt. Das ist, mit Verlaub, reichlich egozentrisch und unreif.

Was hat ihre Geliebte denn genau falsch gemacht? Letztlich hat sie nur Verantwortung für ihr Verhalten übernommen und eine Beziehung beendet, aus der sie faktisch schon vor längerem ausgestiegen ist. Natürlich hätte sie Ihnen das sagen können. Aber offenbar haben Sie beide keine Regel für diesen Fall aufgestellt. Offenbar haben Sie nie weiter gedacht als bis zum nächsten Geschlechtsverkehr. Das ungute Gefühl, das Sie nun empfinden, rührt demzufolge nicht daher, dass Ihre Geliebte Sie »verarscht« hat. Es rührt vielmehr daher, dass Sie weder mit dieser Frau noch Ihrer eigenen jemals ehrlich und offen über Gefühle und Bedürfnisse gesprochen haben.

Es gibt hier einige dringende Fragen, die Sie sich stellen sollten. Über Ihre Person, Ihr Leben und Ihre Art, es zu führen. Und die Antwort kann nicht darin bestehen, beleidigt zu sein wie ein Kind, dem der Lolli, den es geklaut hat, wieder weggenommen wird. Da sind Sie sich mehr schuldig. Am besten reden Sie mal mit einer Fachperson.

»Ich lebe neuerdings vegan. Meine fleischessenden Freunde verspotten mich bei jedem Treffen. Ich muss mich ständig verteidigen.«

Sie müssen Nachsicht haben. Ihre Freunde können nicht anders. Ein Leben lang haben sie gegessen, was sie wollten, und sich nie Gedanken darüber gemacht, woher es kommt. Es lag ja immer alles schön im Supermarkt für sie bereit. Dass ihr Zürcher Geschnetzeltes vorher ein Kalb war, wussten sie, aber es ließ sich wunderbar ausblenden, weil das Geschnetzelte nicht aussah wie ein Kalb, sondern wie ein Abendessen.

Und nun kommen Sie, zeigen auf die Teller Ihrer Freunde und erklären, dass die Leckereien darauf von Kreaturen stammen, die dafür ihr Leben gegeben haben; ein Leben, das nicht schön gewesen ist. Sie weisen sie – völlig zu Recht – darauf hin, dass ihr Genuss auf Qual und Mord basiert. Und nebenbei die Umwelt belastet. Und nun haben Ihre Freunde ein Problem: Entweder sie akzeptieren diese Tatsache und verzichten in der logischen Folge ebenfalls auf Fleisch, Fisch, Eier, Käse und Milch, denn nichts davon entsteht ohne Tierleid. Oder aber – und das ist der bequemere Weg – sie bezeichnen diese Tatsache als übertrieben und ihren Überbringer als mühsamen, militanten Stänkerer. Am Ende stehen Sie so blöd da, dass Sie den Mund halten, was ja auch die Idee gewesen ist, denn so können Ihre Kumpels in Ruhe weiterschlemmen.

Man nennt das die Bereinigung einer kognitiven Dissonanz, und die läuft fast immer so ab. Sie führt nur selten zum Ende einer schädlichen Verhaltensweise und meist zu einer Auffrischung von deren Legitimation. So ist der Mensch eben. Er denkt die Dinge nicht richtig durch. Es ist ihm zu anstrengend, und er verzichtet nur ungern. Als Veganer ticken Sie anders, aber Sie müssen akzeptieren, dass Ihre Umwelt nur ausnahmsweise aus Tier- und Umweltschützern besteht.

»Mein Freund will jeden Tag Sex.
Er wird sehr wütend, wenn ich (w, 27)
mal keine Lust habe.«

Ihr Freund ist ein Tyrann, und Sie müssen sich nicht nur Ihretwegen von ihm trennen, sondern auch im Namen all jener Frauen, die das Pech haben, ihm später zu begegnen. Denn was hier stattfindet, ist eine Form von Missbrauch und Psychoterror, und je länger Sie das mitmachen, umso mehr legitimieren Sie es – in den Augen Ihres Freundes, der offenbar im Glauben lebt, Frauen seien dazu da, ihm jederzeit gefügig zu sein, aber auch vor Ihnen selbst. Die innere Stimme, die Ihnen bestimmt schon viele Male gesagt hat, dass in Ihrer Beziehung etwas fürchterlich schieflaufe, wird sonst immer leiser, und irgendwann werden auch Sie überzeugt sein, dass es Ihre Aufgabe sei, sich einem Mann widerspruchslos zur Verfügung zu stellen. Mit jedem Tag, den Sie in einer derartigen Situation verbringen, wird Ihr Selbstwert kleiner – und die Angst, sich zu wehren, größer.

Machen Sie bitte nicht den Fehler, darauf zu warten, dass Ihr Freund von sich aus erkenne, dass sein Verhalten nicht in Ordnung ist, und es ändere. Wieso sollte er auch? Er hat ja, was er will: eine willfährige Geliebte. Machen Sie bitte auch nicht den Fehler, die Sache zu relativieren und sich einzureden, dass Sie es »sonst« doch schön hätten miteinander. Im Bett zeigt sich am deutlichsten, mit wem man es zu tun hat; und auch wenn Ihr Freund abseits davon ein umgänglicher Geselle ist (schwer vorstellbar, zwar), beweist er hier, wo es am meisten drauf ankommt, eine absolut verächtliche Haltung. Teilen Sie ihm also mit, dass Sie sein Benehmen nicht länger akzeptierten und die Beziehung beendet sei. Er wird natürlich ausflippen, Sie können es daher ruhig per Messenger erledigen. Löschen Sie danach seine Nummer und suchen Sie sich eine:n gute:n Therapeut:in, um sich wieder aufzurichten – und nie wieder in eine solche Falle zu geraten.

»Ich sitze im ICE der Deutschen Bahn und habe, wie immer, Verspätung. Zudem funktioniert das WLAN nicht. Wie schaffe ich es, mich nicht aufzuregen?«

Wir sind uns einig: Der Idealzustand eines ICE besteht darin, dass er pünktlich ankommt und permanenten Online-Zugang ermöglicht. Wir sind uns im Weiteren einig, dass die Deutsche Bahn es häufig nicht schafft, diesen Idealzustand zu erreichen, und dass das für die Passagiere ein Ärgernis darstellt. Wir müssen uns aber auch einig sein, dass es nur ein Ärgernis ist und kein echtes Problem wie zum Beispiel eine schwere Krankheit, der Tod eines Kindes, Armut, Hunger oder Flucht vor Krieg. Nun ist es aber leider so, dass man ausgelacht wird, wenn man vermeintlichen Problemen reale gegenüberstellt. Dann winken die Leute ab und spotten: »Ja, ja, ich weiß, die Kinder in Afrika.« Dabei ist der Aufruf, die Dinge in der richtigen Perspektive zu sehen, kein altbackener Moralismus, sondern eine dringend notwendige Lektion in Demut. Auch in Europa gibt es bittere Not, aber die meisten von uns haben Zugang zu sauberem Wasser und einen prall gefüllten Kühlschrank, zudem darf jede:r frei seine beziehungsweise ihre Meinung äußern und verschwindet nicht in einem Folterknast, wenn er beziehungsweise sie die Regierung kritisiert. Wir sind umgeben von einer Fülle, für die wir uns täglich hundert Mal bedanken müssten. Und es nie tun.

Das Problem ist nicht, dass Ihr Zug verspätet ist. Das Problem ist, dass Sie offenbar vergessen haben, wie gut es Ihnen geht. Natürlich würden Sie gern pünktlich ankommen – nun kommen Sie eben später an. Natürlich wären Sie gern online – nun sind Sie es eben nicht. Sie werden heute Abend dennoch satt in einem Bett liegen und nicht hungrig auf einigen Lagen Karton. Sich nicht über die Verspätung aufzuregen schaffen Sie, indem Sie ein paar tiefe Atemzüge tätigen und sich bewusst machen, wofür Sie alles dankbar sein können, ja müssen. Ihr vermeintlicher Ärger wird daneben sofort verblassen.

»Mein Mann arbeitet viel, geht abends mit seinen Kumpels saufen und kommt oft erst nach Mitternacht heim. Ich (w, 52) habe nichts von ihm.«

Allem Anschein nach sind Sie ein Ehepaar, das nur noch auf dem Papier existiert: Ihr Mann führt ein Eigenleben, faktisch wie ein Single, und Sie sitzen zu Hause, ebenfalls wie ein Single. Nun könnte man sagen, dass Ihr Partner ein Egoist sei, der Sie vernachlässige, und es wird bestimmt Leute geben, die das genau so bestätigen. Die wahre Vernachlässigung hat aber woanders stattgefunden: bei Ihnen selbst. Was auch immer die Gründe dafür waren, dass Ihr Mann sich so weit von Ihnen zurückgezogen hat – Sie haben offenbar weitgehend wort- und tatenlos zugeschaut. Warum?

Es ist erstaunlich, wie passiv viele Menschen sich in ihren Beziehungen verhalten. Läuft was schief, geben sie dem Partner die Schuld, machen ihm gehässige Vorwürfe, beschweren sich bei ihren Freund:innen über ihn – und unternehmen weiter nichts, um die Situation zu verbessern. Weder fragen sie sich, was sie selbst zum Problem beigetragen haben, noch stellen sie klare Bedingungen für den Fortbestand der Beziehung auf. Dabei sind Sie doch

Ihre eigene Kapitänin! Sie bestimmen, wie Ihre Lebensreise sich zu gestalten hat, und Sie sind verantwortlich dafür, das Ruder herumzureißen, falls Sie auf Untiefen zusteuern. Sie hätten sagen müssen: »Pardon, aber ich bin wichtiger als deine Freunde. Ich will auch Zeit mit dir verbringen. Mindestens drei Abende pro Woche gehören uns. Sonst passt es für mich nicht mehr.« Mit einer solchen Ansage hätte Ihr Mann gewusst: Oha, jetzt muss ich mich entscheiden. Und das hätte er dann auch getan. Auch er hätte sich Gedanken darüber machen müssen, was er mit seinem Leben will, außer zu saufen. Stattdessen haben Sie beide sich selbst stehenlassen und damit auch einander. Spätestens jetzt sollten Sie sich hinsetzen und darüber reden, wie es weitergehen soll. Und ob überhaupt.

»Ich wiege viel zu viel. Was muss ich tun, um abzunehmen? Sport liegt mir nicht.«

Wenn ein Problem vorliegt, denken wir meist nur über seine sofortige Lösung nach und fast nie über die Ursache. Sind wir unglücklich in unserer Beziehung, überlegen wir, was unser Partner an seinem Verhalten ändern müsste – anstatt zu erforschen, warum wir uns auf diesen Menschen eingelassen haben. Wollen wir aufhören zu rauchen, kaufen wir Nikotinpflaster – anstatt uns zu fragen, was uns immer wieder zur Zigarette greifen lässt. Und wollen wir abnehmen, lösen wir ein Fitness-Abo und vertilgen Unmengen von Salat (mit Unmengen von fettigem Dressing) – anstatt herauszufinden, wie es dazu kommen konnte, dass wir so füllig geworden sind.

Ihr Übergewicht ist – vermutlich, es gibt auch unglückliche Veranlagungen – die Folge falscher Ernährung, und die ist, wie so vieles, eine rituelle Gewohnheit. Darum ist es ja so schwierig, nachhaltig Gewicht zu verlieren: weil man seine gesamten Ernährungsgewohnheiten umstellen muss. Also anders einkaufen, anders kochen und anders essen. Leider bringt einem niemand bei, wie man das richtig macht – es müsste ein Schulfach sein. Doch zum Glück ist es ziemlich simpel: Alles, was lecker ist, aber ungesund, kaufen Sie nicht mehr (weißes Brot, Aufschnitt, überhaupt Fleisch, Käse, Tiefkühlpizza, Pommes, Chips). Stattdessen kaufen Sie hauptsächlich Gemüse, das Sie einfach und schnell im Ofen zubereiten und mit etwas Reis anrichten können. Kaufen Sie frische Sachen mit hohem Nährwert und kein totes Material, das aus Maschinen kommt. Sie werden bald sehen, dass Ihnen nichts an Genuss fehlt. Auch wichtig: Hören Sie auf zu trinken. Alkohol macht auch dick. Und: Füllen Sie mit dem Essen eventuell eine innere Leere? Ist Ihr Übergewicht letztlich manifestierte Trauer? Auch diese Frage verdient Beachtung.

»Ich (w, 28) arbeite im Verkauf. Immer wieder machen mich Kunden aufgrund meines Namensschildes bei Facebook ausfindig und schreiben mir, oft mehrmals, obwohl ich nie reagiere.«

Was die eigene Wirkung betrifft, neigen Männer zu einer erheblich verzerrten Einschätzung, vor allem im jungen Alter und oft auch weit darüber hinaus: Erblicken sie eine Frau, die ihnen gefällt, sind für sie damit bereits alle Anforderungen für eine Romanze erfüllt. Ob das Gegenüber in irgendeiner Form Interesse signalisiert hat, spielt für sie keine Rolle, da sie es einfach voraussetzen. Gemäß dieser sonderbaren Logik ist es keineswegs unhöflich oder gar übergriffig, sich den Namen einer wildfremden Frau zu merken, die sozialen Medien nach ihr zu durchkämmen und Kontakt aufzunehmen, sondern vielmehr der natürliche Weg zum gemeinsamen Glück. Spielt die Begehrte dann nicht mit, wird sie konsequenterweise als eingebildete Zicke abgestempelt. Das Internet ist voller Erzählungen von Frauen, die erst plump angemacht und in der nächsten Minute aufs Übelste beleidigt wurden.

Diese Mechanik widerspiegelt einen tief verankerten Sexismus, der Frauen ideologisch versklavt: Sie werden als bloße Objekte betrachtet, deren einziger Existenzgrund darin besteht, die Gelüste des Mannes zu befriedigen, und deren eigener Wille so wenig zählt, dass man völlig konsterniert ist, wenn er sich bemerkbar macht. Zwar würden die Männer, die sich entsprechend aufführen, niemals zu einer solchen Haltung stehen, aber wie bei jeder Form von Diskriminierung gilt auch bei dieser: Ob sie stattgefunden hat, entscheidet sich nicht daran, ob es dem Täter bewusst war oder nicht und ob er es möglicherweise »nicht so gemeint« hat, sondern wie das Opfer sich fühlt. Und genau das sollten Sie diesen Raubrittern auch mitteilen, anstatt sie zu ignorieren: Sagen Sie ihnen deutlich, dass sie eine Grenze überschritten haben und sich schämen sollten. Nur so werden Männer etwas lernen – indem alle Frauen sich sofort und unmissverständlich wehren.

»Kürzlich fragte mich jemand
nach meinen Hobbys. Da merkte ich:
Ich habe gar keines.«

Das ist nicht gut. Auch wenn »Hobby« ein oft spöttisch gebrauchtes Wort ist, hat es eine überaus wichtige Bedeutung. Der Duden formuliert sie so: »Beschäftigung, der man aus Freude an der Sache und zum Ausgleich für die Berufsarbeit in seiner Freizeit nachgeht«. Genau dafür ist ein Hobby da: als Quelle für positive Energie und innere Zufriedenheit, um den Alltag mit seinen mannigfaltigen Belastungen auszubalancieren. Was also nach einem banalen Zeitvertrieb klingt, ist ein unerlässliches Werkzeug für die Psychohygiene. Und wie wichtig diese ist, lässt sich an den vielen Menschen erkennen, die dem Beruf und dem Familienmanagement so viel Raum zugestehen, dass keiner mehr übrig bleibt für sie selbst. Sie sind permanent gestresst, lachen kaum, trinken zu viel und werden irgendwann krank. Ein Hobby wirkt dem entgegen, indem man sich explizit Zeit für sich selbst nimmt. Nicht für andere, nicht fürs Geld, sondern nur für sich und die Freude. Es ist schade und auch ziemlich beunruhigend, dass wir das Nicht-Geld und die Nur-Freude als etwas Sinnloses betrachten. Dabei sollten wir beides mehr kultivieren und – möglichst täglich – Dinge tun, die keinen anderen Zweck haben, als uns ein solides Grinsen ins Gesicht zu zeichnen. Für die einen ist das der Modellbau, für andere das Musizieren oder Theaterspielen, auch Malen, Fotografieren, Tanzen, Basteln und Balkon-Gärtnern sind schöne Hobbys. Viele begeistern sich auch für technische, künstlerische oder gesellschaftliche Themen und haben es sich zum Hobby gemacht, sie via YouTube oder Instagram anderen näherzubringen. Es spielt keine Rolle, was es ist, es muss auch keine Ergebnisse hervorbringen, es zählt wirklich nur eines: dass Sie Freude empfinden. Weil diese essentiell ist für unser seelisches Wohlergehen. Ohne Freude gehen wir ein.

»Wieso halten sich so viele Radfahrer nicht an die Verkehrsregeln und werden auch noch frech, wenn man sie zurechtweist?«

Es ist leider tatsächlich so: Eine Vielzahl von Radfahrern beiderlei Geschlechts lebt in der Überzeugung, über dem Gesetz zu schweben. Sie missachten rote Ampeln, halten vor Fußgängerstreifen nicht an, obwohl dort Passant:innen warten, fordern ihrerseits aber das Vortrittsrecht ein, wenn sie auf dem Rad die Straße überqueren, obwohl sie dafür absteigen müssten. Hupt oder schimpft man – oft nicht mal als Maßregelung, sondern nur als erschreckte Warnung –, zeigen sie einem sofort den Finger und pöbeln herum. Und während viele von ihnen aufgrund ausreichenden Könnens durchaus wissen, was sie tun, es aber in Kauf nehmen, dass sie andere in Furcht und Schrecken versetzen, gibt es eine ganze Reihe, die ihr Vehikel überhaupt nicht im Griff haben und außerdem chronisch die Verkehrsdynamik falsch einschätzen. Diese Leute hat man nicht wegen ihrer Chuzpe plötzlich vor dem Kühlergrill, sondern weil sie schlicht zu blöd sind. Ärgerlich und gefährlich ist beides. Aber ist es wirklich ein exklusives Fahrradproblem? Schließlich gibt es auch zahllose Fußgänger:innen, die gemütlich bei Rot über die Straße latschen, und Autofahrer:innen, die partout nicht einsehen, warum sie an einem Fußgängerstreifen anhalten sollten, bloß weil da jemand wartet. Gern stoßen Letztere beim Aussteigen auch schwungvoll ihre Tür auf, ohne nach hinten zu blicken, ob da möglicherweise jemand auf dem Rad naht. Festzustellen ist also eine generelle Rücksichtslosigkeit und Jetzt-komm-ich-Arroganz. Das betrifft zum Glück längst nicht alle Verkehrsteilnehmer:innen; die meisten verhalten sich vorausschauend, vernünftig, zuvorkommend und anständig. Bei den Radfahrer:innen ist das Gegenteil so augenfällig, weil sie sich viel mehr herausnehmen können. Frecher als andere sind sie nicht. Einfach schneller und wendiger.

»Ich habe eine 20-jährige Tochter aus einer Beziehung mit einer dunkelhäutigen Frau. In letzter Zeit wird sie massiv diskriminiert; man drängt sich in Warteschlangen vor und sagt, sie habe zu warten, wechselt im Bus den Platz, wenn sie sich setzt, und ruft ihr auf der Straße zu, sie solle zurück in den Dschungel. Was ist los mit den Menschen?«

Es ist leider alltäglich geworden, über Geflüchtete herzuziehen, über Homosexuelle, über Jüdinnen und Juden, über Schwarze Menschen[*], über Frauen, über Umweltschützer:innen. Das Internet bietet dafür eine gigantische Bühne, und die sozialen Medien lassen es weitestgehend zu, auch die Zeitungen moderieren die Online-Kommentare praktisch gar nicht. Die ekelhaftesten, niederträchtigsten Dinge werden da geschrieben – und stehengelassen. Leider macht sie das zur Norm und somit harmlos. Mit der Pelzmode verhält es sich genau gleich: Läuft eine einzelne Frau

---

[*] Amnesty International empfiehlt die Schreibweise mit großem S.

damit herum, wird sie zu Recht als skrupellose Tierquälerin beschimpft; tun es Zehntausende von jungen Menschen, stört sich kaum wer daran. Aber nicht nur das Kontrollversagen im Netz verleiht der Diskriminierung Aufwind – es sind auch die rechtsextremen Parteien wie die SVP, die AfD und die FPÖ etc., die durch die ständige Wiederholung ihrer widerwärtigen Lügen seit Jahren mit großem Erfolg eine Stimmung erzeugen, in der man einerseits überzeugt ist, »nichts mehr sagen zu dürfen«, andererseits aber alles sagt, was einem in den Sinn kommt. Es ist eine Schande, dass diese Hetze sich in das Gewand der Meinungsfreiheit hüllen darf, denn sie hat nichts damit zu tun.

Der tiefere Grund für diese ganze Wut ist nämlich individuell. Viele Menschen sind enorm unzufrieden; mit ihrer Beziehung, ihrem Job und überhaupt ihrem Leben. Weil sie nicht wissen, wie sie daran etwas ändern können, staut sich immer mehr Frustration an, die schließlich völlig idiotisch ventiliert, gegen ihre Kinder und gegen fremde Unschuldige. Was Ihre Tochter hier erlebt, ist also genau genommen nicht Diskriminierung, sondern kollektiver seelischer Schmerz. Sie ist das Opfer von Menschen, die das Opfer von mangelnder Selbstachtung sind – und genauso zu bedauern.

»Die Frau meines besten Freundes hat seit einem Jahr eine Affäre. Er hat sie erwischt, und sie hat ihm alles gestanden. Sie wollen aber zusammenbleiben. Ich (w, 33) finde die Frau nun total bescheuert und will sie nicht mehr sehen. Darf ich Treffen, bei denen sie dabei ist, künftig absagen?«

Grundsätzlich ist man zu jeder Meinung und Haltung berechtigt. Man muss einfach die Konsequenzen bedenken. Wenn Sie zum Beispiel zur Überzeugung gelangen, Bill Gates wolle die gesamte Menschheit versklaven, werden Sie viele neue Freund:innen finden, mit denen Ihre bisherigen jedoch nichts zu tun haben wollen werden, und mit Ihnen vermutlich auch nicht mehr. Was Ihren besten Freund anbelangt, können Sie ihm daher problemlos sagen, dass Sie seine treulose Partnerin nicht mehr sehen wollen – das wird jedoch eher dazu führen, dass Sie *ihn* nicht mehr sehen. Er hat seine Loyalität ja bewiesen. Ob diese verdient und sinnvoll ist, muss er selbst wissen.

Es ist immer problematisch, in solchen Fällen Partei zu nehmen und ein Urteil zu fällen. Erstens, weil einen niemand darum gebeten hat, und zweitens wegen der Komplexität: Warum genau hatte die Frau eine Affäre? Warum konnte sie nicht darüber sprechen? Konnte sie es jetzt, wo sie musste? Hat dieses Paar dadurch zu einer Intimität gefunden, die ihm bis dahin nicht möglich war? War Ihr Freund seinerseits auf irgendeine Art untreu? Hat er sich von seiner Frau emotional zurückgezogen, bevor sie sich körperlich distanzierte?

Wenn Sie ehrlich sind, stoßen Sie sich nicht am Verhalten der Frau, sondern an jenem Ihres Freundes: Indem er seine Beziehung fortführt, verhält er sich in Ihren Augen falsch. Fragen Sie sich, warum Sie so empfinden, und dann ihn, was seine Gründe sind. Auch Ihre Freundschaft wird dadurch an Tiefe gewinnen. Vielleicht ist aber tatsächlich alles ein verlogener Murks, Ihr Freund ein feiger Schwächling und seine Frau eine eiskalte Tussi. Dann sollten Sie aber selber mutig und wahrhaftig sein und sich eingestehen, dass diese Freundschaft nicht weiterbestehen kann.

»Mein neuer Freund furzt ständig. Nicht vor anderen Leuten, aber wenn wir zu zweit zu Hause sind. Ich finde das eklig. Er meint, das sei doch nur natürlich und lustig. Und er fühle sich halt wohl mit mir. Was soll ich tun?«

Na, zurückfurzen! Ihr Freund hat nämlich in beiden Punkten recht: Erstens ist die Flatulenz in der Tat ein natürlicher Vorgang, der bei jeder und jedem von uns stattfindet, also auch bei Ihnen. Zugegeben, man muss ihn nicht zum abendfüllenden Hobby ausgestalten, aber die Frage ist doch weniger, warum Ihr Freund so viel furzt, sondern eher, warum Sie die Sache so darstellen, als wären Sie eine vornehme Ausnahme. Schämen Sie sich für Ihre Winde, unterdrücken Sie sie gar? Und aus welchen Gründen? Es gibt durchaus Situationen, in denen es nur peinlich und unanständig wäre, einen fahren zu lassen, aber haben Sie eventuell grundsätzlich ein Problem mit »peinlich und unanständig«?

Zweitens pupst man, apropos, wirklich nur vor Leuten, mit denen man sich wohlfühlt. In diesem Sinne dürfen Sie das Geknatter Ihres Partners als ehrliches Kompliment und als Zeugnis von Intimität werten. Nun können Sie einwerfen, dass dies der Intimität aber ein gutes Stück zu viel sei und Sie sich über etwas mehr Fremdheit freuen würden. Das dürfen Sie Ihrem Freund auch genau so sagen: Furz ruhig, mein Schatz, aber es wäre schön, du würdest mir nicht jeden Pups als Trophäe präsentieren. Gleichzeitig wird es weder Ihnen noch Ihrer Beziehung schaden, im Gegenteil, wenn Sie sich dem nächsten Druckgefühl nicht krampfhaft verwehren, sondern ihm fröhlich seinen Lauf lassen. Denn lassen Sie sich gesagt sein: Wir alle furzen. Auch die elegantesten und schönsten Frauen. Diese Körperfunktion zu unterdrücken ist kein Akt aristokratischer Selbstbeherrschung, sondern schlicht ungesund.

»Ich habe einen neuen Mann kennengelernt und weiß nicht, ob er wirklich so toll ist, wie er zu sein scheint, oder ob er ein Narzisst ist. Wie finde ich das heraus?«

Es spricht für Sie, dass Sie, bevor Sie sich ernsthaft einlassen, diesen Kandidaten einer Prüfung unterziehen. Denn offenbar sind Sie skeptisch, und es ist immer richtig, auf seine Intuition zu hören. Zumal wir uns, wenn wir jemanden kennenlernen, immer von unserer besten Seite zeigen. Niemand stellt sich mit seinen Ängsten und Schwächen vor – dabei sollten wir beim ersten Date genau das tun: über unsere Kindheitsverletzungen reden und über unsere Methoden, diese zu bewältigen. Und genau so finden Sie auch heraus, ob der Mann, den Sie kennengelernt haben, tatsächlich ein Narzisst ist, also seinen Charme nur vorgibt und dazu benutzt, um jemanden in das destruktive Abhängigkeitsverhältnis zu locken, aus dem er seine Kraft gewinnt. Stellen Sie ihm all die Fragen, die Sie umtreiben, was Beziehungen anbelangt: Wie stehst du zu deiner Mutter? Wie stehst du zu deinem Vater? Hast du einen guten Kontakt zu deinen Gefühlen? Was ist deine größte Schwäche? Diese Dinge werden ohnehin alle früher oder später – meist sehr früh – ans Tageslicht treten, und es ist Ihr gutes Recht, Auskunft darüber einzuholen. Sie werden dabei bald merken, was sich hinter der prächtigen Fassade verbirgt.

Prüfen Sie aber bei dieser Gelegenheit auch gleich sich selbst: Warum sind Sie skeptisch? Ist das wirklich Ihre Intuition – oder ist es Ihre Angst? Haben Sie eine schlechte Erfahrung gemacht und fürchten Sie nun, diese könnte sich wiederholen? Und: Was muss ein Mann genau sagen beziehungsweise tun, damit Sie vertrauensvoll eine Partnerschaft mit ihm eingehen können? Ist das überhaupt möglich? Und was sind Ihre Antworten auf die obigen Fragen? Ihr Gegenüber hat genauso Anrecht, Sie kennenzulernen. Merken Sie, dass Sie sich bei diesen Gesprächen immer wohler fühlen, sind Sie auf dem bestmöglichen Weg!

»Ich (w, 64) bin kinderlos geblieben – und habe kein Verständnis für kreischende, schlecht erzogene Kinder. Mein Mann und ich meiden Familien, wo wir nur können. Bin ich verbittert? Oder eifersüchtig? Man sagt mir das oft.«

Es liegt auf der Hand, dass ein kinderloses Paar dem geräuschvollen und krümellastigen Verhalten der Kleinen weniger tolerant gegenübersteht als Leute, die jeden Tag von ihnen umgeben sind. Ebenso nachvollziehbar ist, dass Sie, was Kinder betrifft, hauptsächlich die entsprechenden Mühen und Einschränkungen sehen. Hätten Sie eigenen Nachwuchs, wären gewiss auch Sie von jener allumfassenden Liebe durchdrungen, die einen angesichts von Freudengebrüll, Grasflecken und ungespülten Toiletten nachsichtig lächeln lässt. Mit anderen Worten: Sie können gar nicht anders, als sich durch Kinder latent bis manifest gestört zu fühlen, und ja, vielleicht liegt darin ein Anflug von Verbitterung und Eifersucht, weil Ihnen eine Art von Beziehung verwehrt geblieben ist, die wesentlich tiefer geht als jene zu einem Partner. Spannend ist jedoch, warum Ihr Umfeld es für angebracht hält, Sie regelmäßig darauf hinzuweisen.

Für viele Paare ist die Kinderlosigkeit keine Entscheidung, sondern ein Schicksal – unerklärlich, warum die damit verbundene Traurigkeit als Charakterdefizit vorgehalten werden muss.

All das ist aber unabhängig davon, dass viele Kinder in der Tat schlecht erzogen sind. Oder besser: gar nicht. Anstatt in kindgerechter Weise eine Reihe von Anstandsregeln einzuführen und vor allem auch durchzusetzen, wird einfach erwartet, dass die Kinder sich immer tadellos benehmen, und wenn sie es nicht tun, herrscht man sie an. Ironischerweise gehen viele Eltern selber mit schlechtem Beispiel voran, indem sie ebenfalls ständig andere beim Reden unterbrechen und ebenfalls ihren Abfall überall liegenlassen – und die Frechheit haben, kinderlosen Frauen zu sagen, sie seien verbittert. Dabei weisen Sie ja lediglich auf einen Missstand hin, zu dessen Kritik Sie auch befähigt und ermächtigt sind, ohne Kinder zu haben.

»Mich nervt die ewige Corona-Panikmache. Ich kenne niemanden, der gestorben ist.«

Schön für Sie. Jeden Tag kommen derzeit aber rund 100 Menschen hinzu, über die andere dann sagen müssen, dass sie nun jemanden kennen, der an dieser Krankheit gestorben ist. 100 Menschen, die von anderen geliebt wurden und nun vermisst werden. Allein das sollte einen ganz still machen. Außerdem können Sie die Gefährlichkeit einer Krankheit nicht ernsthaft daran festmachen, wie nahe sie Ihnen kommt. Ihre subjektive Wahrnehmung ist genau das: nur subjektiv. Mit großer Wahrscheinlichkeit kennen Sie auch niemanden, der Gebärmutterhalskrebs hat. Gibt es aber trotzdem und ist trotzdem grauenvoll, und auf Risiken hinzuweisen sowie auf Möglichkeiten, diese zu mindern, hat nichts mit »Panikmache« zu tun, sondern mit der behördlichen Pflicht, die Gesundheit des Volkes zu schützen. Einzig dies ist das Ziel der Maßnahmen. Sind die Warnhinweise auf den Zigarettenpackungen für Sie etwa auch »Panikmache«? Was ist mit den Durchsagen am Bahnhof, die über Zugdurchfahrten informieren? Oder den eindringlichen Warnungen gegenüber Kindern, nicht zu Fremden ins Auto zu steigen? Es gibt nun einmal eine ganze Reihe echt gefährlicher Dinge, und Covid-19 ist eines davon, und einer der Gründe, warum diese Krankheit zu einem derartigen Problem geworden ist, sind Leute wie Sie, die behaupten, es sei keines, und sich nicht an die Regeln halten, weil sie glauben, alles besser zu wissen.

Niemand von uns trägt gern diese Mund-Nasen-Bedeckung, und all die anderen Einschränkungen sind auch mühsam, zugegeben. Wir müssen aber jetzt Rücksicht nehmen aufeinander. Es ist bedenklich, dass das für so viele so schwierig ist. Trotzdem ist Ihnen zu wünschen, dass es so bleibt und Sie von niemandem Abschied nehmen müssen – was für viele Angehörige ja noch nicht mal richtig möglich ist, aber das nur nebenbei.

»An Weihnachten gab es bei uns wieder mal einen Haufen einfallsloser Geschenke. Wie finden wir bessere?«

Es stellen sich ohnehin ein paar grundsätzliche Fragen: Wieso beschenken wir einander fast ausschließlich an Weihnachten und Geburtstagen? Wieso vorzugsweise mit Material statt mit Zeit und echtem Interesse? Und wieso ist Großzügigkeit etwas, das wir an finanzieller Geberlaune messen und nicht in buchstäblich großen Zügen, also Nachsicht und Geduld? Wir sollten die Tage nach Weihnachten, diese stille Phase nach einer viel zu lauten, dazu nutzen, uns zu fragen, was für uns wirklichen Wert hat. Und wer. Und wie wir das diesen Menschen gegenüber auch ausdrücken können, wenn wir nicht durch den Kalender dazu aufgefordert werden. Ist das Schenken zur Pflicht verkommen, sieht man das den Geschenken an: Sie offenbaren nicht Einfallslosigkeit, sondern Lieblosigkeit.

Bessere Geschenke finden Sie, indem Sie nicht nur in den paar Tagen vor Weihnachten hektisch Ausschau halten nach Dingen, die anderen Freude bereiten könnten, sondern das ganze Jahr. Womit könnten Sie jemanden beglücken – gleich jetzt? Ihre Mutter mit einem Anruf? Ihren Vater mit einem Besuch? Ihre beste Freundin mit einer ehrlichen Meinung?

Ihren besten Freund mit einem Spaziergang? Ihren Partner mit einer Bitte um Verzeihung? Ihr Kind mit einer gemeinsamen Bastelarbeit? Wer braucht was von Ihnen? Womit können Sie jemandem ernsthaft helfen, indem Sie seine Laune heben? Natürlich gibt es zahllose schöne Dinge zum Kaufen, mit denen Sie andere wie auch sich selbst erfreuen können, keine Frage. Aber sie dürfen nie ein schuldbewusst herbeigeschaffter Ersatz sein für das größte Geschenk, das Sie anderen machen können: Ihre Zuneigung und Ihren Respekt. Wenn Sie 364 Tage im Jahr ein launisches Monster sind, können Sie sich den Seidenschal am 365. echt sparen. Der ist dann nämlich nur noch ein Hohn.

»Meine Frau ist seit Jahren sehr unzufrieden mit mir als Partner. Sie macht mir ständig Vorwürfe. Manche scheinen mir jedoch durchaus berechtigt. Lohnt es sich, daran zu arbeiten?«

Nein. Es mag zwar sein, dass Ihre Frau mit dem einen oder anderen Punkt etwas anspricht, bei dem Sie sich tatsächlich mehr Mühe geben könnten, aber erstens haben Sie das bestimmt bereits versucht, und zweitens würde es Ihr Grundproblem nicht lösen: So, wie Sie sind, passen Sie Ihrer Frau nicht. Doch anstatt sich das einzugestehen und sich von Ihnen zu trennen, schiebt sie Ihnen die Verantwortung zu, indem sie es so darstellt, als sei Ihr Naturell der Grund für die Missstimmung zwischen Ihnen. Sie wiederum nehmen das nicht als subjektive Wahrnehmung entgegen, sondern als Wahrheit: »Ich genüge nicht. Ich muss anders sein, damit man mich lieben kann. Darum bleibe ich besser bei einer Frau, die mich zwar nicht liebt, mir aber genau erklärt, inwiefern ich mich verändern muss.«

Das ist hochgefährlicher Unsinn. Ihre Frau nimmt damit die Rolle einer perfektionistischen Mutter ein und Sie jene des unselbständigen Teenager-Sohnes. Mit einer Partnerschaft, die diesen Namen verdient, hat das nichts zu tun.

Während Ihre Frau sich also fragen muss, warum sie mit einem Mann zusammenbleibt, den sie letztlich verachtet, müssen Sie sich fragen, warum Sie glauben, es sei ein Zeichen der Liebe, wenn man Sie misshandelt. Die Antworten werden in Ihrer jeweiligen Kindheit liegen und können später geborgen werden – vorerst geht es nur darum, eine Lebenssituation zu beenden, in der Sie pausenlos kleingemacht werden. Sie sind völlig in Ordnung, wie Sie sind; Sie passen einfach nicht zu dieser Frau. Und auch wenn es sehr populär ist, seinen Partner verändern zu wollen – geklappt hat das noch nie. Niemand kann seinen Charakter ablegen. Aber jeder kann eine inkompatible Beziehung auflösen. Das sollten Sie möglichst bald tun. Ihrem und dem Seelenheil Ihrer Frau zuliebe.

»Wieso sind die Menschen so egoistisch geworden?«

Weil der Kapitalismus sein Glücksversprechen zwar immer noch nicht eingelöst, aber glaubwürdig gesteigert hat. Wir leben heute in der festen Überzeugung, dass jeder und jedem eine bildschöne Partnerin oder ein ebensolcher Partner, eine riesige Neubauwohnung, ein tolles Auto, regelmäßiger Luxusurlaub, jedes Jahr ein neues Handy sowie eine unablässig mit frischen Klamotten geflutete Garderobe zustehen. Und zwar im Sinne eines Grundrechts. Früher begehrten wir diese Dinge lediglich – heute sind wir jedoch offen beleidigt, wenn sie nicht automatisch da sind. Verantwortlich dafür sind nicht nur die Banken, die schamlos mit Hypotheken, Leasingverträgen und Kleinkrediten wedeln und den Überfluss tatsächlich ermöglichen, sondern auch die sozialen Medien, die einem vermitteln, dass die Menschheit aus attraktiven Multimillionären besteht, die mit ihren pflegeleichten Kindern in der Südsee leben und so gut essen, dass man von jeder Mahlzeit ein Foto machen kann. Daran messen wir uns: am Schein, dem wir ausgesetzt sind, wenn wir online sind. Also von früh bis spät. Wir vergleichen uns den ganzen Tag mit Menschen, die offenbar alles haben. Außer Sorgen.

Das gibt uns ein Gefühl von Mangel und Rückstand und nährt unsere tiefsitzende Angst, nicht zu genügen. Es ist kein Wunder, dass wir darüber immer egoistischer werden: Wir glauben, uns in einem Massenrennen zu befinden, an dessen Ziel Glück und Wohlstand auf uns warten – aber nicht auf uns als Kollektiv, sondern nur auf einige Individuen. Die einen werden es schaffen, die anderen werden am Straßenrand liegenbleiben und sind selber schuld, weil sie halt nicht schön / schlau / talentiert / fleißig / entschlossen genug waren. In der Folge sehen wir nur noch Gewinner und Verlierer – und einen Staat, der alles zahlen soll, aber nichts dafür verlangen darf. Es ist keine gute Entwicklung.

»Mein bester Freund wird, wenn wir eine Meinungsverschiedenheit haben, richtig unangenehm. Sonst haben wir es immer super. Aber wehe, ich sehe mal etwas anders als er. Dann reagiert er, als hätte ich ihn beleidigt.«

Haben Sie ja auch: Jedes Mal, wenn Sie eine andere Meinung äußern, teilen Sie Ihrem Freund mit, dass er nicht allwissend und nicht unfehlbar sei. Allem Anschein nach ist ihm die entsprechende Selbstwahrnehmung aber so wichtig, dass er jeglichen Hinweis auf eine andere Realität – oder besser: die Realität – als persönlichen Angriff erlebt. Und, da Sie ja enge Freunde sind, obendrein als Verrat. In seiner Vorstellung von Freundschaft herrscht offenbar permanente Harmonie. Das ist zwar rührend, öffnet aber das Tor zur Tyrannei, denn wer absolute Eintracht verlangt, zwingt sein Gegenüber, sich stets in einer gefälligen Weise zu verhalten, und bei Fehltritten wird dann sofort mit enttäuschter Aggression reagiert. Eine nicht sonderlich sympathische, aber effektive Art, seine Umwelt zu kontrollieren. Es ist den meisten nämlich sehr wichtig, den Menschen zu gefallen, die sie liebhaben, weswegen sie sich nur zu gern für diese verbiegen.

Ihr Freund müsste sich mal Gedanken machen, woher sein Anspruch rührt, der Boss der Ansichten und der Stimmung zu sein. Dann würde er vermutlich erkennen, dass in seiner Kindheit etwas massiv schiefgelaufen ist und sein heutiges Verhalten nichts anderes ist als eine Überlebensstrategie von damals: »Ich muss dafür sorgen, dass die Menschen Angst haben vor mir, sonst missachten und verlassen sie mich« – so oder ähnlich könnte sein Glaubenssatz lauten. Wir alle haben in unserer Kindheit Überlebensstrategien entwickelt, die uns im Erwachsenenleben gehörig behindern. Was könnte Ihre sein? Wieso sind Sie jemandem nahe, der Ihre Ansichten und damit Ihr ganzes Wesen nicht gelten lässt? Warum ist so jemand Ihr Freund? Sie ergänzen sich – aber worin genau? Und passt das wirklich noch zu Ihnen? Wollen Sie nicht lieber Freund:innen suchen, die neugierig werden, wenn Sie Ihre Meinung sagen, statt wütend?

»Ich habe einen ziemlich ungesunden Lebensstil – ich rauche und trinke sehr viel. Ein Freund fragte mich nach dem Grund dafür, aber ich konnte keinen nennen.«

Unsere Handlungen lassen sich in drei Kategorien unterteilen: jene, von denen wir genau wissen, warum wir sie vornehmen; jene, von denen wir das lediglich glauben, die aber ganz andere Gründe haben, sowie jene, die wir uns noch nicht mal im Ansatz erklären können. Das macht es praktisch unmöglich, etwas daran zu ändern.

Denn auch wenn Sie ihn nicht kennen, gibt es doch einen Grund, warum Sie so viel rauchen und trinken. Schreiben Sie auf, welchen Vorteil Ihnen diese Tätigkeiten verschaffen. Als Erstes werden Ihnen vermutlich Entspannung und Ausgelassenheit in den Sinn kommen, aber das ist nur Werbetext, mit dem Sie sich die Sache verkaufen. Fragen Sie sich ganz ehrlich: Was gewinne ich aus dem Missbrauch von Alkohol und Tabak, obschon ich weiß, dass mir das nicht guttut?

Niemand raucht, weil es so gut schmeckt. Man beginnt damit, weil man sich damit erwachsen und cool vorkommt, und macht weiter, weil man es mit immer mehr Funktionen auflädt, die einem unverzichtbar erscheinen: Rauchen – so glauben Raucher:innen – entspannt, beruhigt, ist festlich und sexy und vertreibt Langeweile. Am Ende rauchen sie, ob sie nun ängstlich, wütend, ausgelassen oder geil sind – alles ist ein Anlass. Der wahre aber ist mangelnder Respekt: Wer sich und seinen Körper achtet, tut sich das Rauchen nämlich nicht an.

Mit dem Trinken verhält es sich ganz ähnlich: Alkohol ist ein stimmungsaufhellendes Psychopharmakon, das man sich selbst verschreiben kann. Schon eine relativ geringe Tagesdosis führt dazu, dass man nie richtig empfinden muss: Kommen unangenehme Gefühle hoch, spült man sie einfach wieder herunter. Keine sonderlich intelligente Methode der Problemlösung.

Was uns zur entscheidenden Frage bringt: Was war es, das Sie einst dazu gebracht hat, sich schlecht zu behandeln und ständig davon abzulenken? Ändern können Sie das nicht mehr. Aber Sie können sich fragen, ob es schlauere Möglichkeiten gibt, damit umzugehen.

»Ich (w, 28) bin in einer Beziehung und habe angefangen, per WhatsApp mit einem anderen Mann zu flirten. Eine Freundin meint, ich sei bereits untreu. Ich finde, solange nicht mehr passiert, stimmt das nicht.«

Ja, wenn Sie denn nur flirten würden! Dann wären Sie in der Tat nicht untreu. Aber mit WhatsApp flirtet man nicht, sondern heizt sich gegenseitig auf; mit Texten, die erst keck sind, dann erotisch und schließlich pornografisch, woraufhin es nur natürlich ist, die Botschaften mit entsprechenden Fotos zu illustrieren. Vor allem Männer sind da sehr ungezwungen und versenden ihre berüchtigten Penis-Porträts am liebsten gleich sofort. Es gibt für diese Art des Fremdgehens auch einen Begriff: Micro-Cheating, also Mikrobetrug. Faktisch sind Sie treu, das stimmt – aber eben nur noch faktisch. Innerlich liegen Sie bereits in einem anderen Bett.

Ob das nun geringfügig oder extrem verwerflich ist, tut nichts zur Sache. Die moralische Diskussion ist auch hier müßig. Viel wichtiger ist, dass zwischen Ihnen und Ihrem Partner Distanz entstanden ist – so viel, dass Ihnen ein anderer Mensch überhaupt nahekommen konnte. Vielleicht schon so sehr, dass Sie dem Eindruck erliegen, sich zwischen diesen beiden Männern entscheiden zu müssen. Aber das ist ein Hirngespinst. Es geht weder um den einen noch um den anderen, sondern um Sie und Ihre Bedürfnisse: Was fehlt Ihnen in Ihrer Beziehung, die Sie ja noch haben? Haben Sie mit Ihrem Partner darüber gesprochen? Wenn nein, warum nicht? Was haben Sie selbst beigetragen, dass es so weit kommen konnte? Wollten Sie, dass es so weit kommt?

Ihr Flirt ist nur ein Symptom. Das Leben will Ihnen an dieser Stelle etwas Wichtiges beibringen. Über Sie, über Ihre seelischen Bedürfnisse, über Ihre Art, eine Beziehung zu führen, und über Ihre Art zu kommunizieren. Schauen Sie genau hin und handeln Sie respektvoll und weise.

»In meiner Firma gibt es diverse Missstände. Aber seit ich darauf aufmerksam mache, werde ich richtiggehend gemobbt.«

In jedem Unternehmen arbeiten Menschen, und die sind oft weniger qualifiziert, als ihre Aufgabe es verlangt, und außerdem häufig mit sich selbst überfordert. Zur mangelnden Kompetenz gesellen sich so Launenhaftigkeit, Geltungsdrang, Missgunst und der Hang, die Dinge unnötig kompliziert zu machen – nicht zuletzt, indem endlos über ein Problem geredet wird, anstatt es einfach zu lösen. Die Wahrscheinlichkeit, dass Sie mit Ihrer Kritik ins Schwarze treffen, ist daher ziemlich groß.

Groß ist aber offenbar auch Ihr Verlangen danach, Kritik zu üben. Die Rechthaberei ist ein Rauschgift, das schnell süchtig macht – vor allem, wenn man tatsächlich recht hat und das Gegenüber nichts davon hören will. Dann wird die Sache bald zur persönlichen Mission, und man verliert den Blick für die Verhältnisse. Und die liegen bei Ihnen folgendermaßen: Sie sind nicht dafür angestellt worden, den Betrieb zu analysieren und zu optimieren. Es ist nicht Ihre Aufgabe, auf Missstände hinzuweisen. Sonst würden Sie nicht gemobbt, sondern gelobt.

Gemobbt werden Sie, um Sie in Ihre Schranken zu weisen, oder besser: Anfangs war es das Ziel, Sie in Ihre Schranken zu weisen. Mittlerweile dürfte es nur noch darum gehen, Sie für die Frechheit zu bestrafen, inkompetenten Leuten deren Inkompetenz aufgezeigt zu haben. Die mögen das nämlich gar nicht, und es ist nur natürlich, dass sie versuchen, Sie mundtot zu machen. Suchen Sie sich am besten eine neue Stelle und erfüllen Sie künftig nur noch eine Aufgabe: jene, für die man Sie bezahlt. Wenn man Sie nach Ihrer Meinung fragt, dürfen Sie sie kundtun. Ansonsten sollten Sie sie für sich behalten. Auch wenn es eine kluge, zutreffende oder gar dringend nötige Meinung ist.

»Ich (m, 31) habe meiner Freundin gesagt, dass mir hin und wieder auch Männer gefallen. Nun hält sie mich für schwul und verspottet mich.«

Wir sind in Westeuropa vergleichsweise aufgeschlossen, was Homosexualität betrifft – aber eben nur im Vergleich, beispielsweise mit Russland, Polen oder dem Nahen Osten. Absolut betrachtet haben auch wir es noch nicht weit genug gebracht: Homosexuelle Paare dürfen in der Schweiz etwa noch immer nicht heiraten und keine Kinder adoptieren, was diskriminierend und durch nichts zu rechtfertigen ist. Noch immer wird das Wort »schwul« synonym gebraucht zu »dumm« oder »unmännlich«. Und ein Mann, der auch nur den leisesten Zweifel an einer hundertprozentigen heterosexuellen Ausrichtung aufkommen lässt, etwa durch stilvolle Kleidung oder eine Aussage wie die Ihre, gilt sofort als »verkappter Schwuler«, der »es noch nicht weiß«.

Auch im Weltbild Ihrer Freundin gibt es offenbar nur Männer, die ausschließlich auf Frauen stehen, und solche, die ausschließlich auf Männer stehen. Indem Sie sich vom einen Ende dieses Spektrums wegbewegt haben, sind Sie, da es für Ihre Freundin offenbar gar kein Spektrum gibt, in deren Augen gleich am anderen Ende angekommen. Der

Raum zwischen Heterosexualität und Homosexualität ist jedoch ziemlich groß, und wären die Menschen ehrlich, würden praktisch alle von ihnen zugeben, dass sie irgendwann in ihrem Leben schon einmal gleichgeschlechtliche Liebes- und Erotikgefühle gehabt haben. Dieser Ehrlichkeit steht aber die allgemeine Kleingeistigkeit entgegen. Man behält so was lieber für sich. Vor allem als Mann. Frauen wird mittlerweile eine fließendere Sexualität zugestanden.

Das eigentliche Problem besteht aber darin, dass Ihre Freundin Sie verspottet, nachdem Sie ihr etwas Persönliches anvertraut haben. Das lässt auf eine tiefe Unsicherheit ihrerseits schließen, wie auch auf einen beträchtlichen Mangel an Respekt Ihnen gegenüber. In solchen Momenten zeigt sich, mit wem man zusammen ist. Und ob man es bleiben will.

»Ich habe kürzlich eine Frau im Zug gebeten, die Füße vom Sitz zu nehmen. Sie hat mich nur angepöbelt.«

Leider sind viele Dinge normal geworden, die früher verpönt waren: Man lässt überall seinen Abfall liegen; man gähnt, ohne die Hand vor den Mund zu halten; man hält die Gabel mit der Faust; man legt im Zug die Füße aufs Polster und glaubt, es mache die Sache besser, wenn man vorher die Schuhe auszieht – und wird ausfällig, wenn einen jemand für diese Unarten zurechtweist.

Erstens ist hier ein eklatanter Mangel an Erziehung festzustellen. All die Menschen, die keinen Benimm haben, sind die Kinder von Menschen, die sich nicht die Mühe genommen haben, ihnen welchen zu vermitteln. In der Folge sehen sie ihrerseits ebenfalls keinen Grund dafür: Sie lassen sich von ihren Kindern ständig im Gespräch unterbrechen, schärfen ihnen nicht ein, »bitte« und »danke« zu sagen, und sehen stumm zu, wie sie die Straßenbahn lauthals in einen Spielplatz verwandeln. Zugegeben: Erziehung ist enorm anstrengend. Man sagt dieselben Sätze mehrere hundert Mal. Aber das ist keine Entschuldigung dafür, sie zu unterlassen, denn ansonsten muss sich die Gesellschaft später mit einem weiteren Rüpel herumschlagen. Genau das ist doch der Sinn von Erziehung: den künftigen Zeitgenossen des eigenen Kindes das Leben zu erleichtern.

Zweitens leiden viele Menschen an einer krankhaft übersteigerten Anspruchshaltung. Sie glauben, sie hätten ein gebürtiges Anrecht auf einen dicken Lohn, eine riesige Wohnung, luxuriöse Ferien und einen perfekten Partner – ohne irgendeine Leistung dafür erbringen zu müssen. Wird dann aber mal eine verlangt, sind sie beinahe schon beleidigt: Sorgfältig arbeiten? Keine Lust. Steuern? Viel zu hoch. Verkehrsregeln? Reine Schikane. Zuhören? Langweilig. Wenn das die Maßstäbe sind, sind Füße auf dem Sitz leider nur die logische Folge. Sie werden nämlich mit Selbstbewusstsein verwechselt.

»Mein Mann (58) hat diverse körperliche Beschwerden. Aber er will nicht zum Arzt gehen und akzeptiert auch keine Naturheilmittel. Was kann ich tun?«

Wir möchten, dass es den Menschen gutgeht, die wir lieben. Wir möchten, dass sie ein Leben in Gesundheit und Zufriedenheit führen, frei von Schmerz jeglicher Art. Denn das bedeutet Liebe ja: dem anderen das Beste zu wünschen. Doch so groß dieser Wunsch ist, so gering sind unsere Möglichkeiten, Einfluss auf seine Erfüllung zu nehmen. Wir können unsere Partner und Freunde nicht einfach einsperren und ihnen an Heilmitteln einflößen, was wir für nötig halten. Es sind – auch wenn sie sich nicht so benehmen – erwachsene, mündige, selbstverantwortliche Personen, die ihr Leben so gestalten dürfen, wie es ihnen passt.

Es ist das Recht Ihres Mannes, körperliche Beschwerden zu ignorieren und an seinem Verhalten nichts zu ändern. Und es ist sein Recht, Ihren Rat auszuschlagen und weiterhin keine Fachperson aufzusuchen. Das ist alles nicht sehr klug, aber erlaubt. Hinzu kommt, dass er Sie vermutlich nicht um Ihre Hilfe gebeten hat. Sie ist, leider, unwillkommen. Und somit nur ein beidseitiges Ärgernis:

Der eine will endlich gehört werden, aber der andere will nichts hören.

Helfen Sie also lieber jenem Menschen, dem Sie tatsächlich helfen können: Ihnen selbst. Holen Sie Ihre Gedanken und Ihre Gefühle bewusst von Ihrem Mann zurück – vielleicht, indem Sie das immer wieder so aussprechen oder eine Zeichnung anfertigen – und lenken Sie beides wieder auf sich. Teilen Sie Ihrem Mann nur noch eines mit: wie es sich für Sie anfühlt, wenn Sie sehen, wie er mit sich umgeht. Mehr können Sie nicht tun. Der Rest ist seine Aufgabe, und wenn er sie nicht lösen will, ist das bedauerlich, aber eben auch hinzunehmen. Wie so vieles, das wir gern anders hätten, aber akzeptieren müssen, weil wir nichts daran ändern können.

»Bei einem Abendessen neulich betonte die Gastgeberin mehrfach, wie zurückhaltend und schüchtern sie sei – dominierte aber den ganzen Abend das Gespräch. Wieso haben manche Leute so eine verquere Selbstwahrnehmung?«

Man kann diese Umkehrung als panische Flucht nach vorn bezeichnen: Die Betroffenen wissen um ihre Schwäche, sind sich auch bewusst, dass diese nicht sonderlich sympathisch ist, sehen aber keinerlei Möglichkeit, etwas daran zu ändern – und tun aus schierer Hilflosigkeit einfach so, als seien sie gänzlich gegenteilig geartet. Die Schwätzerin gibt sich also zurückhaltend, der Geizhals behauptet, er spendiere ständig jemandem etwas, und der tyrannische Chef schwadroniert von »flachen Hierarchien« und einer »stets offenen Tür« zu seinem Büro. Das ist natürlich ebenso lächerlich wie absurd – es funktioniert aber, weil das Umfeld den Betrug zwar durchschaut, aber nicht anspricht.

Niemand sagt: »Entschuldige mal, du behauptest, dass du dich nie traust, was zu sagen, redest aber den ganzen Abend und lässt niemanden zu Wort kommen – wie passt das zusammen?« Sondern man lässt es geschehen, so wie man praktisch alles geschehen lässt. Würden wir die Schwätzerin, den Geizhals, die Dränglerin, den Grabscher, den Pöbler und all die anderen Rüpel ausnahmslos, sofort und in aller Deutlichkeit zurechtweisen, änderten sie ihr Verhalten ziemlich schnell. Sie wissen jedoch, dass sie nichts zu befürchten haben. Ihr einziges Problem ist, dass sie abends im Spiegel einen Menschen erblicken, den sie nicht mögen. Daran etwas zu ändern würde enormen Aufwand bedeuten, und was genau zu tun wäre, ist auch nicht klar. Also greifen sie eben zur einfachsten Form der Psychotherapie: dem Leugnen und Verdrehen. Dabei wäre ein genaues Hinschauen auch für Ihre Bekannte hilfreich: Warum muss sie sich so zwanghaft in den Mittelpunkt stellen? Vielleicht setzen Sie sich mal mit ihr hin und stellen ihr diese Frage. Man muss die Leute ja nicht gleich bloßstellen.

»Mein Freund hat nach zwei Jahren eine offene Beziehung vorgeschlagen. Ich will das nicht. Was raten Sie uns?«

Vielleicht sind es ja weniger die Menschen, die einander anziehen beziehungsweise abstoßen, sondern vielmehr deren Bedürfnisse. Vielleicht sind wir nur Vehikel für unsere Vorlieben und geheimen Wünsche, die uns in eine bestimmte Richtung locken; und wie gut wir zu jemandem passen, ist bloß eine Frage der Parallelität dieser Richtungen. In Ihrem Fall ist die Parallelität in einem wesentlichen Punkt jedenfalls nicht mehr gegeben: Ihr Freund will mit anderen Frauen schlafen, und Sie wollen nicht, dass er das tut.

Die einfachste Lösung bestünde nun darin, diesem Mann den Schuh zu geben. Vermutlich wollen Sie aber auch das nicht, weil es Ihr Bedürfnis ist, mit ihm zusammenzubleiben. Und Ihr Freund empfindet wohl auch so, sonst würde er keine offene Beziehung vorschlagen, sondern eine beendete. Hier kollidieren also gleich mehrere Bedürfnisse – allerdings nur hypothetisch, denn wir wollen fairerweise einmal davon ausgehen, dass Ihr Freund Ihnen noch nicht untreu geworden ist. Das heißt, dass Sie absurderweise über eine nicht existierende Zukunft streiten, was wiederum bedeutet, dass Sie nicht dort hinsehen, wo das tatsächliche Problem liegt – nämlich in der Gegenwart.

Sie sollten nicht über die Vor- und Nachteile einer offenen Beziehung sprechen, sondern darüber, was mit Ihrer Beziehung in ihrer aktuellen Form nicht stimmt. Ihrem Freund fehlt etwas – was ist es genau? Warum glaubt er, es zu bekommen, wenn er mit anderen Frauen schläft? Könnte er es auch von Ihnen haben, findet aber keinen Weg, es zu kommunizieren? Oder will er Schluss machen und ist zu feige, es zu sagen? Und ist er wirklich der einzige Unzufriedene hier? Wo kommen Sie zu kurz? In welcher Hinsicht sind Sie ihm untreu? Was verschweigen Sie? Das sind die Fragen, die Sie verhandeln sollten.

»Ich (w, 31) gerate immer wieder mit meiner Tochter (5) aneinander. Wie kann ich das ändern?«

Sie machen vermutlich jenen Fehler, den viele Eltern begehen: Sie setzen bei Ihrem Kind die kognitiven Fähigkeiten eines Erwachsenen voraus. Achten Sie daher künftig auf Ihre Sprache: Verwenden Sie eine kindergerechte? Oder kommen darin – wie es in der Erwachsenensprache ganz normal ist – abstrakte Begriffe vor wie »unbedingt« oder gar Analogien und Metaphern wie »Das ist nicht der Punkt«? Anders gesagt: Ist es Ihrem Kind überhaupt möglich zu verstehen, was Sie ihm klarmachen wollen? Dass Kinder ab einem gewissen Alter flüssig reden können, wird von Erwachsenen oft dahingehend missverstanden, dass sie alles kapieren, was man ihnen sagt. Weil Kinder aber nicht dumm dastehen, sondern geliebt werden wollen, fragen sie nicht bei jedem Wort nach, das sie nicht verstehen. Es ist daher Pflicht der Eltern, mit ihren Kindern in einer angemessenen Weise zu kommunizieren und immer wieder nachzufragen, ob das Gesagte verstanden worden sei, sobald man ein Wort verwendet hat, bei dem man nicht sicher ist, dass es dem Kind geläufig ist.

Hinzu kommt, dass Kinder auf die intimste und somit schutzloseste Weise mit ihren Eltern verbunden sind. Sie bekommen alles mit und reagieren auf alles – und zwar immer so, dass es uns aufzeigt, wo etwas nicht mit uns stimmt. Wer ausgeglichen, mit sich im Reinen und außerdem in der Lage ist, seine Meinung kundzutun, ohne dabei aggressiv oder verletzend zu werden, hat mit seinem Kind üblicherweise ein gutes Verhältnis. Wer aber gestresst ist und wem die Worte fehlen, um seine Empfindungen und Bedürfnisse auf konstruktive Weise mitzuteilen, liegt mit seiner Umgebung ständig in Konflikt – auch und gerade mit seinem Kind. Reden Sie also anders mit Ihrem. Eben, wie es ein Kind verdient.

»Ich (m, 31) sehe nicht besonders gut aus und bin ziemlich schüchtern. Wie schaffe ich es, in einer Bar Frauen anzumachen?«

Es gibt eine bombensichere Methode, sich unglücklich zu machen: Man lege einen Maßstab an sich, dem man niemals wird genügen können. In Ihrem Fall ist es jener des Frauenhelds. Diesem Typus entsprechen Sie offenbar gleich doppelt nicht: Sie sehen nicht so aus und besitzen nicht das nötige Draufgängertum. Trotzdem wollen Sie einer sein. Das wird nicht nur schwierig, sondern unmöglich. Sie können sich noch so sehr bemühen, Sie werden gegen das Original immer unterliegen. Und sich mit jedem Versuch noch schlechter fühlen.

Wenn wir glücklich sein wollen, kommen wir nicht umhin, Frieden mit uns selbst zu schließen. Uns also nicht permanent verbessern zu wollen, sondern unsere Mängel zu akzeptieren, was letztlich bedeutet, diesen gegenüber eine gesunde Gleichgültigkeit zu entwickeln. Sie sehen nicht besonders gut aus – *so what?* Die meisten Menschen sehen nicht besonders gut aus. Nur Models sehen besonders gut aus. Sie sind schüchtern – *so what?* Natürlich initiieren Sie dadurch praktisch keine zufälligen Begegnungen mit

Frauen – aber ist die Frau, die zu Ihnen passt, wirklich eine, die sich von einem Fremden »anmachen« lässt? Sitzt sie überhaupt in Bars herum?

Konzentrieren Sie sich nicht auf Ihre Mängel. Das deprimiert nur, und die meisten sind ohnehin nicht zu überwinden – oder sogar eine versteckte Qualität. Ihre Schüchternheit spricht doch für Empathie und Zartheit. Konzentrieren Sie sich also lieber auf Ihre positiven Eigenschaften. Schreiben Sie auf, was Sie gut können, was andere an Ihnen schätzen und loben, was Sie selbst an sich mögen. Kultivieren Sie diese Eigenschaften und freuen Sie sich daran, dass Sie sie dadurch für andere sichtbar und liebenswürdig machen. Und versuchen Sie, dem Leben zu vertrauen. Es lässt Einsamkeit für gewöhnlich nicht lange zu.

»Ich bin Deutsche und lebe schon seit zwölf Jahren in der Schweiz. Dennoch schaffe ich es nicht, mich mit der verklemmten Hintenrum-Kultur hier anzufreunden.«

»Dann geh doch zurück!« – das würden Ihnen wohl nun viele Schweizer:innen gern zurufen. Allerdings treffen Sie mit Ihrer Kritik einen interessanten Punkt. Unsere Kultur ist nämlich in der Tat ein bisschen verklemmt und hintenrum. Wir haben fürchterlich Mühe, einander ins Gesicht zu sagen, was wir übereinander denken, und zwar im positiven wie im negativen Sinn. Menschen, die Interesse aneinander haben, sind deswegen dermaßen verstört, dass sie lieber cool wegschauen, anstatt was Nettes zu sagen. Und wenn zwei miteinander ein Problem haben, erfährt es das gesamte Umfeld, der Widersacher aber nur durch passiv-aggressive Bemerkungen. Oder per E-Mail. Wir sind auch nicht in der Lage, zwischen unserer Person und unserer Arbeit zu unterscheiden – und darum maßlos gekränkt, wenn jemand diese kritisiert.

Es verwundert nicht, dass das alles enorm umständlich und anstrengend wirkt auf jemanden, der aus einem Land kommt, in dem man – ohne dabei unhöflich zu sein – klar und deutlich sagt, was man will und denkt. Die Frage ist nun, wie Sie, die es offenbar gern direkt haben, sich in einem Biotop bewegen, das es am liebsten möglichst indirekt hat. Die Antwort lautet: Suchen Sie sich Leute, die Ihnen ähnlich sind. Es gibt einen Haufen Schweizerinnen und Schweizer, die genau gleich an der umständlichen Art leiden, wie hierzulande miteinander umgegangen wird, und heilfroh sind, wenn sie sich nicht ständig verstellen müssen.

Denn das ist es ja: eine Verstellung. Ein höfisches Spiel, bei dem immer gelächelt wird und ehrliche Meinungen unerwünscht sind. Diese heuchlerische Alltagsdiplomatie macht alles nur kompliziert. Bleiben Sie also, wie Sie sind, und vor allem: Bleiben Sie bitte hier. Wir brauchen Sie dringend. Als Botin der Aufrichtigkeit und Wahrhaftigkeit.

»Ich (w, 29) habe mich von meinem Freund getrennt und bin nun mit einem anderen Mann zusammen. Meiner Frauenclique passt das nicht, einige lästern sogar bei meinem Ex über meinen neuen Partner. Wie wehre ich mich dagegen?«

Um es in aller Deutlichkeit zu sagen: Hier geht es um Grenzüberschreitung, Mobbing sowie einen eklatanten Mangel an Respekt – also um Missbrauch. Dieser hat unzählige Formen, und perfiderweise spielen sich die meisten davon in einem vermeintlich freundschaftlichen, harmlosen Rahmen ab: Der Chef macht eine sexualisierte Bemerkung gegenüber einer Mitarbeiterin und stellt das als Witz dar, die Ehefrau gibt den Partner vor dessen Freunden der Lächerlichkeit preis, der Vater macht blöde Sprüche über den geringen Bildungsstand der Freundin seines Sohnes.

Viele glauben, dass sie sich alles erlauben dürfen, wenn sie jemandem nahe sind. Und um auch das deutlich zu sagen: Solche Menschen sind Charakterlumpen, die sich übrigens selbst am meisten verachten, und es gibt nur eine Art, mit ihnen umzugehen, nämlich gar nicht. Ihre Frauenclique ist eine Bande selbstgerechter, unreifer Gören, die sich Urteile und Einmischungen anmaßen, die ihnen in keiner Weise zustehen. Mit wem Sie zusammen sind, ist Ihre Privatsache und erfordert gewiss keine Zustimmung Ihres Umfeldes. Die Frage ist aber nicht, wie Sie sich gegen diese infantilen Spielchen wehren, sondern vielmehr: Wieso bringen Sie nicht die nötige Selbstachtung auf, diesen Leuten für immer den Rücken zu kehren? Sorgen Sie sich um Ihr Ansehen? Das ist ja offensichtlich ohnehin längst im Keller. Hier gibt es für Sie wirklich nichts mehr zu verlieren – außer dem unangenehmen Gefühl, alles falsch zu machen und nichts wert zu sein. Man kann Ihnen nur raten, die Nummern dieser Damen zu blockieren und zu löschen. Sie werden sich kurz einsam fühlen – danach aber leicht und befreit.

»Vor einem halben Jahr ist mein Hund gestorben. Er war mir 14 Jahre lang ein treuer Begleiter. Warum wird meine Trauer nicht weniger?«

Bestimmt gibt es Leute, die nun sagen würden: Aber es war doch nur ein Hund! Und es ist doch schon ein halbes Jahr her! Und vielleicht gibt es auch in Ihnen eine solche Stimme, die Sie auffordert, nun keine weiteren Gedanken mehr an dieses Geschöpf zu verschwenden. Aber »nur ein Hund« ist so falsch formuliert wie »schon ein halbes Jahr«, denn die Beziehung zu einem Tier kann genauso innig und bedeutungsvoll sein wie jene zu einem Menschen: Man verbringt Tag um Tag miteinander, ist wichtig füreinander und erfreut sich an der Gesellschaft des anderen. Da spielt es keine Rolle, ob der Partner auf zwei oder vier Beinen geht – man liebt ihn, und wenn er stirbt, fehlt er einem schmerzlich. Womöglich ist es Ihnen noch gar nicht in Gänze bewusst geworden, aber Sie haben einen veritablen Trauerfall zu beklagen. Und in diesem Zusammenhang ist ein halbes Jahr wirklich keine Zeit. Seien Sie also traurig, solange Sie traurig sind. Daran ist nichts Lächerliches oder Übertriebenes. Sie haben einen Freund verloren und dürfen ihn vermissen, so lange und so sehr, wie Ihnen danach ist. Er hat es verdient, und es zeigt, was er Ihnen bedeutet hat.

Wenn Sie so weit sind, werden Sie vielleicht eines Tages einen neuen Vierbeiner in Ihrem Leben begrüßen. Es gibt so viele, die einen guten Platz brauchen, und bei Ihnen scheint man ihn zu bekommen. Halten Sie aber auch die Augen offen für Menschen, die einen guten Kameraden wie Sie brauchen – von diesen gibt es genauso viele. Wir leben in Zeiten großer Vereinsamung und Entfremdung und hören einander kaum noch zu, weil die eigene Meinung zum Maß aller Dinge geworden ist. Nehmen Sie also die beständige, verlässliche, bedingungslose Liebe, die Ihr Hund Sie gelehrt hat, und tragen Sie sie bitte in die Welt hinaus. Sie wird es Ihnen danken.

»Ich (w, 32) frage mich nach diversen Enttäuschungen: Wie gelingt eine Beziehung?«

Es gibt vier Zutaten, die nötig sind, damit eine Beziehung funktioniert. Die erste ist die körperliche und seelische Zuneigung. Es ist die am leichtesten erhältliche Zutat, man findet sie praktisch überall. Wenn sie aber fehlt, wenn Liebe und Anziehung nicht gegeben sind, muss man gar nicht erst anfangen. Beziehungsweise kann definitiv aufhören.

Die zweite Zutat – bereits ziemlich rar – ist die Kompatibilität. Man hört zwar oft, dass Gegensätze einander anzögen, aber charakterliche Verschiedenheit taugt nicht für ein friedliches Miteinander. Man ärgert sich sonst zu oft über den Partner und will ihn dauernd ändern, damit er besser zu einem passt. Das führt nur zu Frustration.

Die dritte Zutat ist die Kommunikation. Viele Paare sind nicht in der Lage, vernünftig und konstruktiv miteinander zu reden. Anstatt ihre Bedürfnisse und Ängste offen mitzuteilen, äußern sie diese in Vorwürfen oder kryptischen Hinweisen. Das wiederum führt zu unnötigen Konflikten, Missverständnissen und Blockaden. Wer eine Beziehung führen will, die diesen Namen verdient, kommt nicht umhin, erwachsen zu kommunizieren. Das ist zugegebenermaßen enorm anstrengend und kostet Mut. Aber es schafft entsprechend viel Intimität. Ohne Kommunikation ist echte Intimität nicht möglich.

Die vierte, gern übersehene Zutat ist das Wohlwollen. Man muss seinem Partner wohlgesinnt sein und sein Bestes wollen. Man muss in der Überzeugung leben, dass er ein Freund ist, ein Mitglied desselben Teams, der letztlich das Gleiche will und das Gleiche empfindet. Wer in seinem Partner oder seiner Partnerin jedoch einen Feind sieht, gegen den man sich zur Wehr setzen muss, sollte sich fragen, welche Kindheitserfahrung ihn so defensiv hat werden lassen. Fehlen das Vertrauen und das Wohlwollen sowie das Einander-verstehen-Wollen, kann eine Beziehung ebenfalls nicht gelingen.

»Ein Freund will nach dem dritten Kind unbedingt noch ein viertes. Darf ich ihm sagen, dass es egoistisch ist, mehr als zwei Kinder zu haben?«

Wieso ziehen Sie die Grenze bei zwei Kindern? Genauso gut könnte man sagen, dass eines genüge – oder dass es verantwortungslos sei, überhaupt Kinder zu zeugen. In dieser Frage prallen die unterschiedlichsten Ansichten aufeinander, und solange kein konkreter Schaden vorliegt, ist es schwierig, eine davon als falsch zu bezeichnen.

Ihren Freund hingegen muss man, solange er seine Kinder nicht misshandelt oder vernachlässigt, wohl einfach machen lassen, auch wenn Sie ihn nicht verstehen. Zumal Kinder immer ein sensibles Thema sind – selbst im noch nicht einmal gezeugten Zustand: Eltern von Einzelkindern werden ständig gefragt, wann dieses denn ein Geschwisterchen bekäme. Geben sie zur Antwort, ein solches sei nicht geplant, werden sie schief angeschaut.

Letztlich ist Kinderkriegen und -haben eine Privatsache, die nur dann aufhört, privat zu sein, wenn der familiäre Verbund derart destruktiv ist, dass das Kindeswohl gefährdet ist. Die Frage ist daher weniger, wie viele Kinder Ihr Freund sinnvollerweise haben darf, sondern vielmehr, ob er generell ein guter, also liebevoller, geduldiger, unterstützender und präsenter Vater ist. Es gibt Leute, die hätten besser keine Kinder gehabt. Viele andere sind mit dem zweiten so überfordert, dass sie ständig erschöpft sind und sich nur noch durch Schreien mitteilen können. Und schließlich gibt es Eltern, die auch von fünf Kindern nicht aus der Ruhe zu bringen sind. Halten Sie Ihren Freund also nur von der Reproduktion ab, wenn Sie überzeugt sind, dass er damit eine bereits problematische Situation verschlimmert. Nur dann ist es Ihre Pflicht, ihn zu kritisieren.

»Ich (w) bin bald 40 und schaffe es nicht, nach einem Glas Wein ›genug‹ zu sagen. Viele meiner Freunde auch nicht. Langsam habe ich den Alkohol aber satt. Was für eine Rausch-Alternative empfehlen Sie?«

Indem Sie nach einer Rausch-Alternative fragen, legen Sie auch den Grund offen, warum es nie bei einem Glas bleibt: weil dieses die gewünschte Wirkung nicht im erforderlichen Ausmaß entfaltet. Es geht Ihnen offenbar nicht um den Wein, sondern um den Alkohol darin. Die Frage, die Sie sich stellen müssen, ist also nicht: Was für Arten, sich von der Realität abzuwenden, gibt es noch? Sondern vielmehr: Was ist mein Anlass, mich überhaupt immer wieder abzuwenden? Die Antwort liegt nicht fern: Entweder ist man unglücklich im Beruf, unglücklich in der Beziehung oder unglücklich mit sich selbst, was meist irgendeiner Form von Vernachlässigung oder Misshandlung in der Kindheit geschuldet ist. Das sind die Gründe, warum Menschen zu viel trinken: weil sie für ein paar Stunden vergessen können, was sie belastet.

Aber diese Pseudo-Therapie hat ihren Preis. Erstens ist sie hochgradig ungesund, und zweitens löst sie kein einziges Problem, sondern schafft noch ein zusätzliches: Man wird zusehends unwilliger, sich seinen Lebensaufgaben zu stellen, und entwickelt eine unheilige Geschicklichkeit darin, ihnen auszuweichen. Nun, da Sie vor Ihrem 40. Geburtstag stehen, erkennen Sie jedoch, dass Sie die Hälfte Ihres Lebens mehr oder weniger hinter sich haben und es an der Zeit ist, Verantwortung zu übernehmen: für Ihren seelischen Zustand, für Ihr körperliches Wohlbefinden, für Ihre Karriere und Ihre Beziehungen, namentlich jene zu sich selbst. Klingt spießig, ist es auch, aber ein Problem mit Spießigkeit haben letztlich nur Spießer. Alle anderen akzeptieren, dass sie keine 20 mehr sind, suchen sich Freund:innen, mit denen man vor allem nüchtern Spaß haben kann, und schaffen Ordnung in ihrem Leben.

Sie haben das Recht, glücklich zu sein. Ihr Alkoholkonsum zeigt lediglich, dass Sie davon noch nicht richtig Gebrauch machen.

> »Ich mag den achtjährigen Sohn meiner neuen Partnerin nicht. Braucht das einfach noch Zeit? Oder was kann ich in einer solchen Situation tun?«

An zwei Dingen wird sich keinesfalls etwas ändern. Erstens: Der Sohn Ihrer Partnerin bleibt deren Sohn und damit – hoffentlich – der wichtigste Mensch in ihrem Leben. Ihre Loyalität wird – hoffentlich – immer zuerst ihm gelten. Zweitens: Dieses Kind ist zwar noch ein Kind, aber wir alle kommen mit einem Charakter zur Welt, den wir ein Leben lang behalten. Wenn Ihnen der Kleine jetzt nicht sympathisch ist, wird er es auch später nicht sein. Das ist kein Versagen Ihrerseits, sondern einfach eine Tatsache. Wir fühlen uns den einen verbunden und den anderen nicht, ungeachtet ihres Alters.

Nun können Sie zwar versuchen, mit Ihrer Partnerin quasi eine kinderlose Beziehung zu führen; sie also nur treffen, wenn der Sohn beim Vater ist. Und vielleicht lässt Ihre Partnerin sich sogar auf ein solches Modell ein. Aber das wäre für das Kind verstörend: Mama hat zwar einen neuen Freund, es darf diesen aber plötzlich nicht mehr sehen. Wie erklärt man ihm das? Auch für die Mutter würde es schwierig – sie müsste quasi ihr Kind fortschicken, um

Ihnen nahe zu sein, und sich somit immer wieder zwischen zwei geliebten Menschen entscheiden. Es sei denn, und darum die beiden »hoffentlich«-Einschübe oben, Ihre Partnerin ist so schwach, dass sie glaubt, sich grundsätzlich entscheiden zu müssen, und ihr Kind für Sie verrät. Dazu nur so viel: Eine solche Partnerin wollen Sie nicht haben.

Wenn man sich auf jemanden einlässt, die beziehungsweise der ein Kind hat, treten unausweichlich zwei neue Menschen ins Leben. Und das funktioniert nur, wenn man mit beiden auskommt, beide gernhat und beide gern um sich herum hat. Es ist völlig legitim, dass Sie das nur im einen Fall so empfinden. Es ist auch richtig, sich das einzugestehen. Falsch wäre es aber, die Beziehung trotzdem weiterzuführen. Das Kind würde immer wieder an den Rand gedrängt. Es würde sich unerwünscht fühlen. Und das ist inakzeptabel.

»Wie merke ich (m, 38), wann der Moment gekommen ist, meinen Partner zu verlassen?«

Es ist menschlich, diese Frage so zu stellen. Es ist unser Verstand, der so formuliert, weil er überzeugt ist, dass es für alles einen idealen Moment gebe: den richtigen Moment, den Job zu wechseln, Aktien abzustoßen, ein neues Auto zu kaufen. Für diese und viele andere Aspekte des Lebens gibt es in der Tat vernünftige, sachliche Argumente. In Beziehungsfragen aber ist es sinnlos, nach solchen zu fahnden. Wann haben Sie ausreichend versucht, die Beziehung zu retten? Wann haben Sie zu lange ausgeharrt? Woran erkennt man, dass keine Hoffnung mehr besteht? So was lässt sich nicht eindeutig beantworten.

Der Verstand spielt uns zusätzlich einen Streich, indem er glaubt, ebendiese Eindeutigkeit sei in jedem erdenklichen Fall möglich. Aber wenn man sich mit seinem Partner nicht mehr versteht – muss man dann Schluss machen oder erst zur Paartherapie? Liegt es an ihm oder an mir oder an unserer Konstellation? Auch das lässt sich nicht einfach so beantworten, zumal Beziehungsprobleme oft Kommunikationsprobleme sind und jener Teil, den man selbst dazu beigetragen hat, sich in der nächsten Beziehung erneut zeigen wird. Und als wäre das nicht schon kompliziert genug, kommt auch noch die Angst hinzu: die Angst vor der Trennung selbst, aber auch vor ihrer Konsequenz, dem Alleinsein, und der Möglichkeit schließlich, dass dieser Zustand bis zum Lebensende anhält.

Es gibt jedoch einen verlässlichen, untrüglichen Gradmesser: Ihr Wohlbefinden. Wenn Sie sich in Ihrer Beziehung nicht mehr wohlfühlen, wenn Sie nicht mehr sagen können, dass sie Ihnen guttue und Sie sie nicht noch einmal eingehen würden – dann ist der Moment gekommen, sie zu beenden. Ein besseres Argument als Ihre Lebensfreude – genauer: deren Mangel – werden Sie nicht finden.

»Ich (w, 38) finde auf Dating-Apps immer häufiger Profile von Männern, die ›keinen One-Night-Stand, aber auch keine Beziehung‹ suchen. Woher kommt diese Fünfer-und-Weggli-Haltung?*«

Sie beschreiben das Phänomen mit dieser Redewendung sehr präzis: Man will in den Genuss einer Beziehung kommen, mit dem regelmäßigen Sex, der Intimität und der Vertrautheit, gern auch mit der Exklusivität, aber man will sich nicht ernsthaft einlassen, sondern die Möglichkeit haben, die Sache jederzeit ohne weiteres hinter sich lassen zu können. Dies für den Fall, dass es zu kompliziert wird, weil das Gegenüber Eigenschaften zeigt, mit denen man sich nicht auseinandersetzen will, oder – noch schlimmer – weil man mit eigenen Eigenschaften konfrontiert wird, mit denen man sich auseinandersetzen müsste. Dieses Modell, gern als modern und freiheitlich gepriesen, funktioniert allerdings nur in der Theorie. In der Praxis zeigt sich ziemlich bald

---

* Diese Schweizer Redewendung, die aus der Zeit stammt, als ein »Weggli«, ein Milchbrötchen, noch 5 Rappen kostete, beschreibt den Wunsch, zwei Vorteile zu erlangen, die sich gegenseitig ausschließen. In Deutschland und Österreich würde man sagen: auf zwei Hochzeiten tanzen wollen.

der unvereinbare Widerspruch zwischen der Nähe, die nun einmal entsteht, wenn zwei Menschen miteinander Sex haben, und dem impliziten und expliziten Versuch, ebendiese Nähe zu vermeiden. Meist sind es die Frauen, die – mitunter jahrelang – hoffen, der Mann werde sich irgendwann richtig auf sie einlassen.

Menschen, die von Anfang an deklarieren, nur eine Halbbeziehung zu suchen, sind Diebe, wenn man so will. Sie wollen alles nehmen, aber nichts geben. Oder zumindest nicht gleich viel. Letztlich geht es dabei um Angst und Kontrolle – man versucht zu vermeiden, dass die Bindung zum anderen Menschen größer wird als man selbst. Dabei macht genau das eine richtige Beziehung aus, und es ist traurig und grotesk, dass der Unwille, eine solche einzugehen, als selbstbewusste Unabhängigkeit gefeiert wird, wo doch genau das Gegenteil zutrifft. Halten Sie sich unbedingt von solchen Männern fern. Sie werden sich sonst nur so unglücklich machen, wie diese es bereits sind.

»Ich habe extreme Angst vor dem Klimakollaps. Was kann ich dagegen tun?«

Es gibt zwei Arten von Angst: unbegründete und begründete. Mit ersterer lässt sich wesentlich besser lernen umzugehen, da man sich schrittweise der Tatsache annähern kann, dass sie eben unbegründet ist – wie beispielsweise die Angst vor dem Alleinsein. Indem man immer wieder bewusst allein ist, erst nur eine Stunde, später ganze Tage, erkennt man, dass es dabei nichts zu befürchten gibt, im Gegenteil: Erst, indem man allein ist, kann man zur Ruhe finden und sich selbst wirklich nahekommen. Begründete Ängste hingegen sind ein echter Horror, weil sie durch die Gründe ja überhaupt erst auftauchen. Wer außer ein paar Wissenschaftlern hatte vor dreißig Jahren schon Angst davor, dass die Erde sich so stark erwärmen könnte, bis sämtliches Leben darauf endet? Nun zeigt sich, viel schneller als jemals befürchtet, dass die Warnrufe alle berechtigt waren. Auf den heißesten Januar aller Zeiten folgte der heißeste Februar aller Zeiten, und so weiter und so fort. Das Ziel, die Erwärmung auf 1,5 Grad zu beschränken, ist ziemlich sicher nicht mehr erreichbar, wahrscheinlich sind mittlerweile eher 4 Grad, was zu einer weitreichenden Versteppung der Erde, einem gigantischen Artensterben und unvorstellbaren sozialen Verwerfungen führen wird. Leider gibt es immer noch Menschen, namentlich in der Politik, die das nicht wahrhaben wollen und überzeugt sind, Wohlstand sei nur durch Umweltzerstörung möglich. Es stellt sich durchaus die Frage, wie ein vernünftiger Mensch darob nicht dem Wahnsinn verfallen solle. Am besten begeben Sie sich in eine Online-Bubble, um sich mit Gleichgesinnten auszutauschen – namentlich über Ihre Angst. Sie sind nicht allein, viele andere leiden auch daran. Und gehen Sie um Himmels willen wählen!

»Ich bin selbständige Fotografin. Warum fühle ich mich beruflich trotzdem nicht angekommen und bin nie ganz zufrieden?«

Erst einmal herzliche Gratulation zu Ihrem Mut, sich mit der Fotografie selbständig gemacht zu haben. Glückwünsche auch für Ihren Durchhaltewillen – wie oft hört man selbständige Grafiker:innen, Texter:innen und Fotograf:innen klagen, dass ihre Tätigkeit immer schlechter entlöhnt werde, weil die Wertschätzung zusehends schwinde. Gern wird ihr Talent auch gleich kostenlos gefordert – als Gegenleistung dafür, überhaupt irgendwo auftreten zu dürfen. Dass Sie vor diesem Hintergrund dabeibleiben und weiter an Ihren Erfolg glauben, ist beeindruckend. Die Frage ist halt: Beeindruckt es auch Sie? Gratulieren auch Sie sich zu Ihrem Mut und Ihrer Ausdauer? Finden auch Sie, dass Sie Beachtliches und Außergewöhnliches erreicht haben – oder empfinden Sie es vielmehr als durchschnittlich; als netten, aber nicht weiter nennenswerten Versuch? Es geht hier womöglich gar nicht um Ihren Beruf, sondern um Sie selbst; um Ihre Selbstbetrachtung, die allem Anschein nach nicht sonderlich großzügig und liebevoll ausfällt, sondern hart und streng. Können Sie sich selbst überhaupt genügen?

Oder spielt es gar keine Rolle, was Sie tun, es wird in Ihren Augen sowieso nie richtig gut sein? Gab es in Ihrem Leben schon einmal einen Moment, in dem Sie richtig stolz auf sich waren und keinen Zweifel daran verspürten, ob Sie ein Recht dazu hatten? Oder ist Ihnen das Gefühl, nie ganz zufrieden sein zu können, vielleicht schon von jeher vertraut – weil Ihre Eltern es nie waren, weder mit sich, noch miteinander und in der Folge auch nicht mit Ihnen? Solche Prägungen können einem das ganze Leben versauen, und das darf nicht sein. Fangen Sie also an, sich zu loben, sich zu danken und zu würdigen, was Sie können und geleistet haben. Jeden Tag, bis Sie es glauben. Und weiterhin viel Erfolg!

»Meine Mutter ist gestorben. Ich (w, 59) erlebe es als Befreiung. Muss ich mich dafür schämen?«

Keineswegs. Ihre Mutter wird durch ihr Verhalten gewiss dafür gesorgt haben, dass Sie ihren Tod so erleben: durch jahrelange Misshandlung sowie durch deren mutmaßliche Leugnung. Menschen, die andere missbrauchen, stehen ja nie zu ihren Taten, sondern stellen sie entweder als gesunde Reaktion auf eine feindliche Umwelt dar oder behaupten, der Missbrauch habe gar nie stattgefunden. So werden die Opfer gleich noch einmal gedemütigt. Viele von ihnen zeigen danach ein selbstschädigendes Verhalten, weil sie eine derart fundamentale Entwertung erlebt haben, und nicht wenige behandeln ihre eigenen Kinder später genauso schlecht. Sie können stolz sein, wenn Sie es geschafft haben, sich selbst und Ihren Mitmenschen den Respekt entgegenzubringen, der Ihnen verwehrt wurde. Leider ist das die Ausnahme.

Dass Sie das Ableben Ihrer Mutter als Befreiung bezeichnen, liegt wohl daran, dass sie Ihnen nun definitiv nichts mehr antun kann. Vermutlich hatten Sie sich schon lange distanziert, aber jetzt haben Sie endgültig nichts mehr zu befürchten; keine Zufallsbegegnung, keinen Anruf und somit auch keine Erinnerung an die Untaten und auch keine faulen Ausreden mehr. Ihre Empfindungen sind also sehr verständlich. Ebenso verständlich ist es, dass Sie sich fragen, ob Sie sich dafür schämen sollen – eigentlich sollten Sie Ihrer Mutter ja Achtung und Liebe entgegenbringen und nun um sie trauern. Das wäre der natürliche Zustand. Den hat aber Ihre Mutter selbst zerstört. Sie hat es zu verantworten, dass ihr Ableben für ihre Tochter eine Erleichterung darstellt.

Es gibt für Eltern kein Recht, sich zu benehmen, wie man will, und für Kinder keine Pflicht, jedes Verhalten zu dulden. Ihre Gefühle sind absolut in Ordnung.

»In der Klasse meiner Tochter (8) gibt es einen Jungen, der ihr ständig über die Haare gestreichelt hat. Ihre Bitten, damit aufzuhören, ignorierte er. Wir haben ihr deshalb einen Handgriff beigebracht, mit dem sie sich erfolgreich wehren konnte. Nun kontaktierte uns jedoch die Lehrerin: Unsere Tochter hätte das Problem durch Dialog lösen müssen, nicht mit Gewalt. Hat sie recht?«

Nein, im Gegenteil. Dieser Junge hat die Intimsphäre Ihrer Tochter eindeutig verletzt, indem er immer wieder ihren Körper berührt und ihren verbalen Protest ignoriert hat, was gleich doppelt übergriffig ist. Die Lehrerin hätte Ihre Tochter darin bestärken sollen, ihr Missbehagen klar zu äußern, und dem Jungen nachdrücklich – und am besten vor der ganzen Klasse – beibringen müssen, dass eine solche Unwohlseinsbekundung ernstzunehmen sei. Denn all die Männer, die ein Nein einer Frau nicht respektieren, waren einmal Jungs, die das Nein eines Mädchens nicht respektiert haben – weil man sie in ihrem Tun gewähren ließ (»er meint es ja nicht so«), während man die Mädchen dazu anhielt, lieb und brav und niemals laut zu sein. Das ist exakt, was die Lehrerin Ihrer Tochter kultiviert: Sie setzt auf Dialog, wo er offensichtlich nichts nützt (Ihre Tochter hat dem Jungen ja gesagt, sie wolle nicht von ihm angefasst werden), und verurteilt als Gewalt, was nichts anderes als eine berechtigte und angemessene Reaktion auf einen körperlichen Übergriff war.

Wir müssen unsere Töchter darin bestärken, nein zu sagen, wenn sie etwas nicht wollen – und dieses Nein auch durchzusetzen. Und unsere Söhne müssen wir dazu anhalten, das Nein einer Frau zu respektieren. Dialog ist gut und recht, solange beide dazu fähig sind. Wenn einer aber nicht hören will, sondern einfach macht, was er will, muss er eben fühlen. Und wie Sie sehen, hat die körperliche Reaktion auf den anhaltenden Übergriff ja auch sofort zu dessen Ende geführt. Das hat nichts mit Gewalt zu tun, sondern mit Selbstachtung. Indem wir Mädchen implizit dazu auffordern, sich alles gefallen zu lassen, legen wir nur den Grundstein für späteren Missbrauch.

»In welchem Fall ist es gerechtfertigt, von jemandem die Nummer zu blockieren? Ist es nicht grundsätzlich trotzig?«

Wenn man von jemandem die Nummer blockiert oder erwägt, es zu tun, hat man dafür seine Gründe. Dann ist etwas Schwerwiegendes vorgefallen, das hässliche Gefühle hinterlassen hat, und der Wunsch nach Distanz ist nur die logische Folge davon. Oft genügt es, wenn man dann einfach nichts mehr von sich hören lässt, doch manchmal will man auch selber nichts mehr hören. Gewiss gibt es Situationen, in denen es übertrieben ist, jemanden gleich zu blockieren, aber je nachdem ist es sogar dringend geboten, sämtliche Brücken radikal abzubrechen, weil sonst nur immer neuer Schmerz entsteht. Etwa, wenn der Ex-Partner oder ein Freund, der einen schlecht behandelt hat, einen auch nach der Trennung mit fiesen Vorwürfen eindeckt. Dann ist die Kommunikationsblockade keineswegs trotzig, sondern ein Zeichen von Respekt sich selbst gegenüber.

Es gibt eine rote Linie, zumindest sollte es eine geben, und wenn jemand sie überschritten hat, durch Missbrauch in einer seiner unzähligen, meist rein verbalen Formen, muss man diesem Menschen den Zugang verwehren. Dann darf er einem keine Energie mehr rauben, dann darf er einen nicht mehr manipulieren, dann muss man eine Blockade gegen ihn errichten und seine Nummer und seine Mailadresse sperren. Diese Maßnahme sollte aber eine Ultima Ratio sein und kein Alltagsinstrument. Wenn man seine Konflikte grundsätzlich durch Kontaktabbruch löst, bei der geringsten Meinungsverschiedenheit, stimmt etwas nicht. Dies dürfte aber ohnehin nur bei sehr wenigen Menschen ein Thema sein – im Gegensatz zu den zahllosen Übergriffen in Partnerschaften, Freundschaften und Familien, die Grund genug wären, den vielen Alltagstyrann:innen in unserer nächsten Nähe für immer den Rücken zu kehren. Wir unterlassen es leider oft, weil wir uns nicht trauen, angemessen zu reagieren.

»Ich (w, 36) habe meinen Partner betrogen. Es war eine einmalige Angelegenheit. Muss ich es trotzdem gestehen?«

Die Ehrlichkeit, die Sie hier in Erwägung ziehen, kommt leider etwas spät. Sie hätten viel früher mit Ihrem Partner reden müssen: darüber, dass Ihnen in Ihrer Beziehung etwas fehlt; darüber, was Sie gemeinsam dagegen unternehmen könnten und schließlich darüber, dass Sie jemanden kennengelernt haben. Natürlich wären das schwierige Gespräche gewesen, bei denen Sie keine gute Figur gemacht hätten und die womöglich zu einer Trennung geführt hätten. Aber ist die Angst vor alledem wirklich als Erlaubnis zu verstehen, nicht weiter über sich selbst nachzudenken, seinem Partner das Gespräch zu verweigern und am Ende fremdzugehen?

Sie scheinen das Prinzip der Partnerschaft nicht verstanden zu haben, die so heißt, weil sie auf Einheit und Einvernehmen basiert: Indem Sie diesen Menschen zu Ihrem Partner gemacht haben, haben Sie Anspruch darauf erhoben, dass er sich Ihnen gegenüber wie einer verhält; indem er möglichst viel Zeit mit Ihnen verbringt, Sie ernstnimmt und ehrlich ist mit Ihnen. Dieser Anspruch hätte allerdings für beide gegolten. Sie haben ihn Ihrerseits nicht erfüllt: Sie haben Ihrem Partner das offene Gespräch verweigert, sich von ihm abgewendet, eine neue Beziehung angefangen (deren Dauer und Tiefe ist nicht relevant) und begonnen, ein Leben in Lüge zu führen. Das ist Ihnen nun so unangenehm geworden, dass Sie sich fragen, ob Sie den Seitensprung gestehen sollen. Dieser Frage wohnt allerdings auch die Möglichkeit inne, ihn nicht zu gestehen. Das käme jedoch einer Fortsetzung des Betruges gleich und würde Ihre Beziehung sicher nicht verbessern. Auch nicht jene mit Ihnen selbst. Übernehmen Sie also Verantwortung und sagen Sie Ihrem Partner restlos alles, was Sie ihm verschwiegen haben. Spätestens jetzt muss er Gelegenheit haben, sich dazu äußern zu dürfen.

»Mein Mann redet nicht. Kaum wird es persönlich, wird er zu einem Stein. Wie bringe ich es ihm bei?«

Viele Männer – übrigens auch viele Frauen – haben enorme Mühe, offen, ehrlich und vor allem persönlich mit anderen zu reden. Es überfordert sie schlicht, und wenn man sie dazu nötigt, machen sie erst recht zu. Die einen erstarren und warten, bis man sie in Ruhe lässt, andere weinen, die Dritten werden wütend, und die übrigen laufen einfach davon. Für ihre Partner:innen, Kinder, Freund:innen und Mitarbeiter:innen ist das enorm frustrierend und schmerzhaft. Man hat mit diesen Menschen stets nur eine halbe Beziehung.

Ihr Wunsch, mit Ihrem Mann eine ganze zu führen, ist ebenso nachvollziehbar wie legitim, aber leider sinnlos. Sie können klagen, flehen, drohen und fluchen, so viel Sie wollen, Sie machen damit alles nur noch schlimmer. Denn er gehört offenbar zu der riesigen Gruppe von Menschen, die irgendwann gelernt haben, dass andere Menschen eine Bedrohung darstellen, gegen die man sich nur wappnen kann, indem man sich seelisch abschottet. Ihr forderndes Verhalten bestätigt ihn wohl nur darin – so wie wir alle die Neigung haben, in allem, was uns widerfährt, einen Beweis für unsere Überzeugungen zu sehen.

Sie haben nur wenige Optionen, und erfreulich ist keine: Entweder Sie verlassen Ihren Mann – und seine Kommunikationsverweigerung ist ein legitimer Anlass dafür –, oder Sie akzeptieren, dass er nicht ernsthaft mit Ihnen sprechen kann, und akzeptieren zudem das Gefälle, das sich dadurch in Ihrer Beziehung ergibt. Abflachen können Sie es, indem Sie selber authentisch mit ihm reden und keine Reaktion erwarten. Vielleicht lernt er dabei, dass Offenheit und Intimität tolle und harmlose Dinge sind, vielleicht aber auch nicht. Es ist letztlich seine Entscheidung, was für ein Leben er führen will. Sie können nur entscheiden, ob es sich an Ihrer Seite abspielen soll.

»Wieso darf ich nicht mehr ›Mohrenkopf‹ sagen? Es ist doch nur ein Wort, niemand meint das böse.«

Sie dürfen nicht mehr »Mohrenkopf« sagen, weil es ein diskriminierender Begriff ist. Er würdigt Menschen mit einer dunklen Hautfarbe herab, indem ebendiese als vergleichende Beschreibung für eine Süßspeise herhalten muss, die von weißen Menschen hergestellt und gegessen wird. Das ist eine kolonialistische Denkweise.

Mag sein, dass Sie das Wort »Mohrenkopf« nicht »böse meinen«. Darum geht es aber nicht. Sondern darum, wie jene, die damit adressiert werden, sich dabei fühlen. Und wenn nur schon eine:r von ihnen gekränkt ist, ist es nicht in Ordnung und muss sofort aufhören. Alles andere ist verächtlich und gemein.

Stellen Sie sich vor, in Afrika kommt ein Confiseur auf die Idee, eine helle Süßspeise herzustellen und sie »Schweizerkopf« zu nennen – weil wir bleiche Haut haben. Wie fänden Sie das? Stellen Sie sich weiter vor, Sie würden sich diskriminiert fühlen und im Internet einen Text darüber veröffentlichen, worauf Sie von zahllosen Afrikaner:innen verhöhnt und gemaßregelt werden: Man teilt Ihnen mit, Sie seien viel zu sensibel, und es sei die Freiheit der Afrikaner:innen, ihre Esswaren so zu nennen, wie es ihnen beliebe. Und überhaupt sei das Ganze »nicht böse gemeint«. Wie würden Sie sich fühlen? Würde es Sie wirklich interessieren, wie es »gemeint« ist – oder wären Ihnen Ihre eigenen Empfindungen näher?

Fragen muss man sich schließlich auch, wie schlimm es ist, einen Begriff aus seinem Wortschatz zu streichen und seinen Mitmenschen zuliebe, auch wenn man sie nicht persönlich kennt, einen Ersatz zu suchen, der diesen nicht wehtut. Ist das ernsthaft zu viel verlangt von Ihnen? Liegt hier wirklich Ihre Grenze?

»Ich (m, 36) hatte einige Male ziemlich Pech mit Frauen. Nun habe ich eine kennengelernt, mit der es toll läuft – aber meine Freunde winken alle nur noch ab.«

Tja, das ist leider das Problem mit Freund:innen: Erst sind sie total begeistert, einen kennenzulernen, glauben aber nach drei gemeinsamen Abenden, dies vollumfänglich erledigt zu haben. Ihre Aufmerksamkeit ist danach nur noch zu gewinnen, wenn man eine neue Bett- beziehungsweise Trennungsgeschichte zu rapportieren hat, wobei auch das jeweils nur das Bild bestätigt, das einst in groben Zügen gezeichnet wurde. Sie sind zum Beispiel derjenige, bei dem es in der Liebe immer schiefläuft. Wieso soll man nun Ihnen Glauben schenken oder überhaupt zuhören, weil Sie auf einmal etwas anderes erzählen?

Es ist zwar menschlich, seine Umwelt zu gliedern und zu strukturieren. Sie ist oft sehr chaotisch, und mit sich selbst hat man schließlich auch genug zu tun. Dass man seinen Mitmenschen nicht jedes Mal mit jener Neugierde begegnet, als träfe man sie zum ersten Mal, liegt in der Natur der Sache – zumal Überraschungen im humanen Betrieb tatsächlich eher selten sind. Allerdings geht es hier nicht nur um die Verweigerung von Interesse, sondern auch um die Verweigerung von Mitfreude, wie man das Gegenteil von Mitleid vielleicht nennen könnte. Es mag ja sein, dass Sie mit mehreren Frauen etwas Ähnliches erlebt haben, aber offenbar sind Sie daran gereift und konnten aufgrund dessen eine andere, klügere Partnerwahl treffen. Das ist ein toller Prozess, zu dem Sie zu beglückwünschen sind, und wenn Ihre Freunde dazu nicht bereit sind, weil sie nicht bereit sind, Ihre Entwicklung zu erkennen und zu würdigen, dann sind es keine Freunde, sondern das, was man auf Englisch »*bystanders*« nennt: Leute, die eher zufällig in Ihrem Leben herumstehen. Vielleicht hatten Sie ja bislang nicht nur mit Frauen Pech, sondern überhaupt mit Menschen? Und vielleicht sollten Sie die neue Art der Partnerwahl im weiteren Sinne anwenden?

»Wie bringen wir, seit 15 Jahren verheiratet, frischen Wind in unsere Beziehung?«

Diesen Wind rufen Sie vor allem durch radikale Ehrlichkeit herbei. Und durch mutiges Handeln.

1\. Beide müssen eine Stunde allein spazieren gehen und sich Gedanken darüber machen, ob sie diese Beziehung noch wollen und warum. Die bloße Tatsache, dass sie schon so lange besteht, ist kein Grund. Sie müssen aus dem Heute heraus zusammen sein wollen, nicht aus dem Gestern.

2\. Setzen Sie sich miteinander an den Tisch. Sie haben zehn Minuten Redezeit, die vom anderen nicht unterbrochen werden darf. Seien Sie so ehrlich zueinander wie noch nie zuvor und sagen Sie, was Sie an Ihrer Beziehung schätzen und was nicht. Gestehen Sie einander all Ihre Ängste und Wünsche.

3\. Falls Sie an dieser Stelle merken, dass es nicht mehr stimmt, ist das in Ordnung. Sie blicken auf 15 gemeinsame Jahre zurück. Dafür können Sie einander so oder so dankbar sein.

4\. Falls Sie weitermachen wollen, müssen Sie kreativ werden und Routinen aufbrechen. Schreiben Sie gemeinsam auf, welche Sie pflegen – vom Haushalt über die Freizeit bis zum Sex. Und machen Sie dann so viel anders wie möglich. Vielleicht nehmen Sie zwei kleine Wohnungen?

5. Sorgen Sie dafür, dass Sie einander wieder ein bisschen fremd werden. Erzählen Sie einander nicht alles. Schon gar keinen Alltagskram. Smalltalk ist ein mächtiger Beziehungskiller.

6. Suchen Sie sich ein gemeinsames Hobby. Das ist eine positive, verbindende Routine, weil sie ein gemeinsames Erlebnis generiert. Das Hobby kann auch »Wir treffen uns jeden Donnerstag in einer anderen Bar« sein. Noch besser wäre natürlich eine Sportart.

7. Seien Sie weiterhin offen, ehrlich und mutig miteinander. Paare sind üblicherweise das Gegenteil, darum wirken viele so bekümmert und schal. Wiederholen Sie daher einmal pro Monat Punkt 2 – auch das ist eine Routine, die Sie einander näherbringt.

»Wieso lernen wir nichts aus der Geschichte? Mir scheint, es wiederhole sich immer nur alles.«

Der Eindruck ist nicht falsch. Noch immer wählen die Menschen Geisteskranke zu ihren Anführern und lassen sich von diesen belügen und ausbeuten. Noch immer gehen sie einander aus den idiotischsten Gründen an die Gurgel, noch immer halten sie Geld für wichtiger als alles andere, und noch immer gilt Krieg als zweckmäßiges Mittel der Politik. Man kann wirklich nicht behaupten, dass aus den bisherigen Katastrophen gelernt worden wäre, wie künftige zu vermeiden sind.

Und doch gibt es Anlass zur Hoffnung. Wir sind uns heute – zumindest mehrheitlich – einig, dass Kinder in der Schule besser aufgehoben sind als in Fabriken, dass der Lebenszweck einer Frau sich nicht darauf beschränken darf, einen Haushalt zu führen, und dass Menschen, die psychische Probleme haben, nicht geholfen ist, wenn man sie wie Verbrecher einkerkert. Es gibt auf allen Ebenen Fortschritte, wichtige Einsichten verbreiten sich. Wie zum Beispiel jene, dass unser Konsum überall schädliche Spuren hinterlässt. Und dass es eine dringende Aufgabe ist, diese Spuren zu minimieren.

Es ist beides wahr: Die Geschichte wiederholt sich ständig, aber der Mensch lernt auch daraus – einfach mit furchtbar geringem Tempo. Man muss eine beträchtliche Lernschwäche diagnostizieren. Wäre der Mensch ein Schulkind, würde man ihn sofort vom normalen Unterricht befreien und in ein spezielles Förderprogramm schicken. Eines, bei dem alles auf seine beschränkten Möglichkeiten ausgerichtet ist. Aber eine solche Alternativrealität mit einer Kontrollinstanz und einer robusteren Natur gibt es nicht. Wir haben nur diese Wirklichkeit. Und in dieser ist es leider mittlerweile für vieles wohl schlicht zu spät. Für die Orang-Utans sieht es zum Beispiel gar nicht gut aus und für die Insekten auch nicht.

»Ich habe im Freundeskreis gesagt, dass Flüchtlinge ein schlechtes Frauenbild hätten. Seither gelte ich als Nazi.«

Ihre Freunde machen den gleichen Fehler wie Sie, wenn sie so verallgemeinern. Es ist einfach, jemanden als Nazi zu bezeichnen, der sich kritisch über Geflüchtete äußert. Man stellt sich damit über diese Person und ihre Ansichten – was ein bisschen nazihaft ist, aber das nur am Rande. Gleichzeitig ist es geradezu bösartig, allen Menschen, die aus Kriegsgebieten flüchten, eine frauenfeindliche Gesinnung zu unterstellen (zumal eine ganze Reihe von Geflüchteten selber weiblich ist).

Es ist allerdings auch naiv, das Gegenteil zu tun und davon auszugehen, dass jeder, der aus dem Nahen Osten nach Europa kommt, ein prima Kerl aus einem toleranten Umfeld ist. Wie in diesen Ländern mit Frauen umgegangen wird, auch mit Homosexuellen, ist absolut empörend, ebenso der Antisemitismus, der in dieser Region oft zum offiziellen Lehrplan gehört. Die Frage, wie viel von dieser Geisteshaltung man hier haben will, ist berechtigt und findet in den Übergriffen, die von Migranten ausgehen, eine betrübliche Antwort.

Fragen müssen wir uns allerdings auch: Sind wir wirklich so viel besser? Achten wir Frauen? Geben wir ihnen den gleichen Lohn wie ihren männlichen Kollegen? Verschonen wir sie vor unserer billigen Anmache? Genießen Homosexuelle bei uns dieselben Rechte wie andere Menschen? Und sehen wir davon ab, antisemitische Klischees zu pflegen? All diese Fragen muss man leider mit Nein beantworten. Wir sind vielleicht weniger gewalttätig, vielleicht etwas gesitteter, aber nicht im Grundsatz anders. Die genannten Probleme sind keine muslimischen, sondern globale. Wenn Sie sich an einem schlechten Frauenbild stören, sollten Sie zuerst Ihr eigenes prüfen. Und nicht gegen Geflüchtete hetzen, sondern Ihr Umfeld maßregeln, wenn dort verbale oder gar physische Fehltritte stattfinden. Das wäre mutig.

»Der Sex zwischen mir (w, 28) und meinem Freund ist ziemlich öde. Er hat einfach keine Ahnung, was er mit meinem Körper anstellen soll.«

Hier zeigt sich ein weit verbreitetes Problem mit fatalen Konsequenzen: schlechte bzw. überhaupt nicht stattfindende Kommunikation. Dieser Missstand besteht in Firmen, Familien und Freundschaften, vor allem aber in Liebesbeziehungen. Hier ist die Erwartung, vom anderen blindlings verstanden zu werden, besonders groß – wie auch die Angst davor, sich offen mitzuteilen.

Die Leute verbringen mitunter Jahre damit, darauf zu warten, dass ihr Partner endlich merkt, was sie wollen, ärgern sich maßlos, weil sie beziehungsweise er oder sie es nicht schafft, sagen aber nie ein Wort (die Freund:innen werden hingegen *en detail* eingeweiht). So entsteht eine Menge unnötiger Frustration. Und gewiss nicht das gewünschte Ergebnis.

Die bisherigen Partnerinnen Ihres Freundes haben es wohl wie Sie versäumt, ihm mitzuteilen, was sie gut gefunden hätten im Bett. Wie soll ein junger Mann so Kenntnis erlangen über die weibliche Sexualität? Zumal die im Vergleich zur männlichen ungleich komplexer ist: Ein Mann steckt einfach seinen Penis irgendwo hinein und ist schon zufrieden. Frauen funktionieren da wesentlich anspruchsvoller und überdies sehr unterschiedlich. Was die eine in Ekstase versetzt, entlockt der anderen bloß einen irritierten Blick. Ist es also wirklich die Aufgabe Ihres Partners, sich auf alle erdenklichen Arten abzumühen, bis er irgendwann auf eine stößt, die Ihnen genehm ist – oder ist es vielmehr an Ihnen, mal den Mund aufzumachen und das Rätsel um Ihren Körper zu lösen?

Wenn Ihr Freund sich ungeschickt anstellt, müssen Sie ihm zeigen, wie man es richtig macht. Wenn Ihnen etwas fehlt, müssen Sie klar sagen, was es ist. Im Bett und auch sonst. Zu schweigen ist feige und bequem, und sich andernorts zu beklagen ist gemein. Da hat Ihr Partner mehr verdient – und Sie auch. Mehr Respekt, mehr Offenheit, mehr Nähe und in der erfreulichen Folge von alledem: mehr guten Sex.

»Ich (w, 29) habe mich getrennt und bin nun der Buhmann, weil mein Ex-Freund sich überall als Opfer darstellt.«

Was Beziehungen anbelangt, unterliegen wir als Kollektiv einer Reihe von ziemlich neurotischen Glaubenssätzen: 1. Wenn zwei sich lieben, heißt das, dass sie perfekt zusammenpassen. 2. Die Liebe ist stärker als jeder Widerstand. 3. Nur der Tod darf zwei Liebende trennen. 4. Endet eine Beziehung dennoch, hat eine:r der beiden Partner:innen sie mutwillig kaputtgemacht und ist demzufolge ein schlechter Mensch.

Diese Überzeugungen sind einerseits Hollywood geschuldet, wo die Liebe als eine in jedem Fall glücklich herauskommende Heldengeschichte präsentiert wird, und andererseits der Kirche, die das Konzept von Schuld und Sünde über Jahrhunderte hinweg so leidenschaftlich in die Köpfe gehämmert hat, dass auch vollkommen unreligiöse Menschen entsprechende Ängste hegen und sich insgeheim permanent fragen, ob sie etwas falsch machen. Vor diesem Hintergrund sind Sie nicht der Buhmann, weil Ihr Ex sich als Opfer stilisiert – sondern weil Sie sich überhaupt getrennt haben. Wer das tut, gilt als herzlos und brutal, und seine Beweggründe interessieren niemanden.

Wir brauchen daher dringend ein neues Weltbild. Eine Trennung darf nicht länger als Versagen und Scheitern angesehen werden. Sie muss als das akzeptiert werden, was sie ist: die Korrektur eines unhaltbar gewordenen Zustandes. Es darf auch nicht mehr von Belang sein, wer sich getrennt hat und wer verlassen wurde, weil damit nur eine Täter-Opfer-Rollenverteilung vorgenommen wird, die niemandem hilft, sondern alles nur schlimmer macht.

Wenn zwei sich trennen, sind beide traurig und traumatisiert, beide benötigen Unterstützung. Wenn Ihr Umfeld Sie stattdessen verurteilt und somit für Ihren Mut bestraft, handelt es sich nicht um einen Freundeskreis, sondern um einen Lynchmob, und Ihr Abschied sollte auch diesen einschließen.

»Überall ist zu lesen, dass während des Lockdowns Frauen stärker unter häuslicher Gewalt leiden würden. Warum wird in diesem Zusammenhang nie von männlichen Opfern gesprochen?«

Weil Gewalt gegen Männer in der allgemeinen Wahrnehmung praktisch inexistent ist. Man liest zwar, dass 70 Prozent der Opfer von häuslicher Gewalt Frauen seien, aber unter den verbleibenden 30 Prozent kann man sich nichts vorstellen, weil eine prügelnde Gattin nicht dem gängigen Frauenbild entspricht. Überhaupt versteht man unter »Gewalt« ausschließlich den Einsatz körperlicher Kräfte. Doch es gibt auch seelische Formen von Gewalt, etwa durch Hohn, Drohung, Erniedrigung oder Bloßstellung. Den Opfern wird deren eigene Wahrnehmung hinterher gern ausgeredet (»Du verstehst keinen Spaß«, »Du übertreibst«).

Es ist richtig, auf die alltägliche Gewalt gegen Frauen aufmerksam zu machen. Es ist richtig, deutlich darauf hinzuweisen, dass nicht Eifersucht oder eine Trennung der Grund ist, wenn ein Mann seine Partnerin tötet, sondern Hass auf Frauen. Es ist richtig, das Patriarchat und seine Auswüchse zu kritisieren, namentlich die ewiggestrige Männerclique in Politik und Wirtschaft. Es ist aber auch dringend geboten, sich von der Vorstellung zu verabschieden, dass in jedem Mann ein Vergewaltiger und Unterdrücker stecke und jede Frau ein Unschuldslamm sei und dass häusliche Gewalt ein exklusiv männliches und physisches Phänomen sei. Männer sind nicht per se schlecht und Frauen nicht per se gut; sie sind im Gegenteil genauso oft grausam und brutal, meist halt ohne Fäuste. Gewalt ist ein geschlechtsloses Problem mit einigen augenfälligen Facetten und tausend versteckten. Darüber und über die Gründe müssen wir sprechen – und unsere Sprache auch hier anpassen: Es kann nicht sein, dass wir »Mitarbeitende« sagen, weil »Mitarbeiter« die Frauen ausschließt, bei Opfern häuslicher Gewalt aber nie Männer nennen.

»Ich (m, 30) kann mich mit immer weniger Menschen identifizieren. Ich habe kaum noch Freunde.«

Dieser Vorgang ist nur natürlich. Zugegebenermaßen setzt er bei Ihnen etwas gar früh ein. Üblicherweise wird einem erst ab 40 bewusst, dass a) die Lebenszeit stark limitiert ist und man gut überlegen muss, wie und mit wem man sie verbringt, und dass b) es enorm viel braucht, bis einem jemand wirklich entspricht. Und dass c) das nicht nur für Freundschaften, sondern auch für Liebesbeziehungen gilt. Ungefähr mit 45 stellt sich diesen Erkenntnissen gegenüber jedoch ein stiller Friede ein: Man kann zwar nur mit wenigen Menschen etwas anfangen, mit diesen dafür viel. Aus der Breite der jungen Jahre, in denen man sich mit fast jedem versteht, dafür oft nicht für lange, wird die Tiefe der reiferen. Außerdem ist man auch gern mal allein; ungestört vom geschwätzigen Drama, das einem die Welt ständig vor die Füße schwemmt.

Was Sie als Problem erachten, ist daher ein großer Segen. Menschen, mit denen Sie sich nicht verstehen, sind eine Gesellschaft, auf die Sie nicht nur verzichten können, sondern auch sollten. Wer braucht schon Leute, die einen ablehnen, weil man ganz anders denkt als sie? Natürlich ist es wichtig, sich gegensätzliche Meinungen anzuhören, aber damit wird man auch in den besten Freundschaften ausreichend konfrontiert. Beziehungen sind dazu da, einem gutzutun, und wenn sie das nicht können, soll man sie gar nicht erst führen. Viele Leute umgeben sich mit komplett inkompatiblen Weggefährten und fühlen sich ständig unverstanden und einsam. Man ist also gut beraten, in dieser Frage wählerisch zu sein und oft zu verzichten. Freuen Sie sich, dass Sie – auch wenn es sich noch wie ein Unvermögen anfühlt – schon jetzt dazu in der Lage sind. Manch einer hat mit 80 noch nicht kapiert, was Freundschaft bedeutet: nämlich Gleichheit. Sagte übrigens schon Aristoteles.

»Ich (w, 44) habe vor zwei Jahren meine Partnerin durch einen Unfall verloren. Nun habe ich jemanden kennengelernt, mich aber wieder zurückgezogen. Dabei mag ich diese neue Frau sehr.«

Was in Ihnen vorgeht, versteht nur jemand, der etwas Vergleichbares erlebt hat. Hier darum eine vorsichtige Mutmaßung: Kann es sein, dass Sie gegenüber Ihrer verstorbenen Partnerin ein schlechtes Gewissen haben? Gar so, als lebte sie noch, und Sie träfen heimlich andere Frauen? Fürchten Sie möglicherweise, Verrat an Ihrer bisherigen Liebe zu üben, indem Sie sich auf eine neue einlassen? Falls ja, könnte das am zugegebenermaßen bizarren Umstand liegen, dass weder Sie noch Ihre Ex-Partnerin Ihre Beziehung jemals beendet haben, sondern das Schicksal mit einem seiner Schläge. Dies wiederum könnte zu einer Art Mythenbildung geführt haben: Sie haben einander geliebt und wollten zum Zeitpunkt des Unfalls weiterhin zusammenbleiben – und dieses Empfinden ist nun in Ihnen bestehen geblieben und womöglich sorgsam kultiviert worden. Kein Wunder, kommen Sie sich vor wie eine Ehebrecherin. Und vielleicht auch ein bisschen wie eine Heilige.

Es spielt keine Rolle, wer eine Beziehung beendet. In den allermeisten Fällen ist es einer der beiden Partner – in Ihrem Fall war es ein Unglück. So oder so ist Ihre Beziehung zu dieser Frau seit zwei Jahren vorbei. Sie ist seither Ihre Ex-Partnerin, und es hat den Anschein, als hätten Sie diese Tatsache noch nicht ganz angenommen.

Sie dürfen sich diesem Menschen weiterhin verbunden fühlen, doch verpflichtet sind Sie ihm nicht mehr. Streng genommen geht es Ihre Ex-Partnerin auch im Tod nichts an, mit wem Sie sich treffen. Und wenn wir uns schon in diesen Bereich vorwagen: Was würde sie Ihnen wohl wünschen? Wollte sie wirklich, dass Sie sich neuem Glück verschließen? Wohl kaum. Sie würde Ihnen vermutlich vielmehr genau das wünschen, was Sie jetzt erleben. Also gönnen Sie es sich. Es ist im Sinne Ihres Herzens, und nur das zählt.

»Ich (w, 38) kenne meine beste Freundin seit dem Gymnasium. Aber wir haben uns eigentlich nichts mehr zu sagen. Ist das ein Grund, die Freundschaft zu beenden?«

Fast alle Lebewesen sind sozial. Hühner, Elefanten, Wale, Schimpansen – sie alle suchen die Nähe ihrer Artgenossen. Bei uns Menschen geht es dabei weniger um die Vereinfachung der Nahrungsbeschaffung, auch wenn sich die Einkäufe aus dem Supermarkt zu zweit leichter nach Hause tragen lassen als allein, vielmehr tauschen wir uns mit anderen aus, um psychisch gesund zu bleiben. Einsamkeit quält uns. Sie vermittelt uns das Gefühl, unerwünscht und bedeutungslos zu sein, weswegen wir viel unternehmen, um sie zu vermeiden. Unglückliche Beziehungen sind daher nichts anderes als der ungeschickte Versuch, nicht allein durchs Leben gehen zu müssen. Das gilt auch für viele Freundschaften: Sie heißen bloß so, damit man sich nicht eingestehen muss, keine zu haben.

Dann werden Arbeitskolleg:innen und Leute aus dem Verein, mit denen man mal ein Bier getrunken hat, eben zu Freund:innen ernannt, und die Schulfreundin, die man längst nur noch unmöglich findet, immer weiter durchs Leben geschleppt. Man kann das so machen. Man kann sich Nähe zu Leuten vorgaukeln, denen man nicht oder nicht mehr nahe ist. Das funktioniert aber nur so lange, wie man nicht in eine Lage gerät, in der man einen echten Freund beziehungsweise eine echte Freundin braucht. Dann zeigt er sich, der Unterschied: Ein Bekannter hört kurz zu und gibt dann eine unbrauchbare Plattitüde von sich; ein Freund aber konfrontiert einen. Das tut er auch sonst ständig. Ein Freund ist letztlich eine ziemlich ungemütliche Angelegenheit, aber eine nützliche. Er bringt einen weiter. Bekannte tun das nie. Sie sind einem nicht nahe genug.

Dass Sie und Ihre einstige Freundin einander nichts mehr zu sagen haben, ist sehr wohl ein Grund, auseinanderzugehen. Aber bitte nicht durch feiges Verdrücken, sondern durch direktes Ansprechen – und ein Dankeschön für die gemeinsame Zeit.

»Ich kaufe immer bio ein, esse wenig Fleisch und trenne meinen Abfall. Eine Freundin meinte, solange ich weiterhin Städtetrips mache, könne ich mir das alles sparen. Stimmt das?«

Wie hält es denn diese Freundin mit dem Umweltschutz? Kauft sie auch nur Bio-Waren, ist sie komplett vegan und fliegt überhaupt nirgendwohin? Oder beschönigt sie bloß ihr eigenes Verhalten, indem sie auf fremde Widersprüche zeigt, und seien diese noch so weit hergeholt? Es liegt ja nicht nur der Konsumverzicht im Trend – sondern auch die lustige Argumentation, die ihm entgegengehalten wird und nur dazu dient, sich seinerseits nicht einschränken zu müssen: Ach, du bist Veganer:in? Wieso fährst du dann Auto? Mit dieser abstrusen und übrigens auch ziemlich frechen Logik lässt sich doch gleich viel leichter ein Wiener Schnitzel bestellen.

Jede Bemühung, den ökologischen Fußabdruck zu mindern, ist eine löbliche Bemühung, und es ist ebenso absurd wie destruktiv, sie in den Kontext zum übrigen Verhalten zu stellen und zum Schluss zu kommen, man könne sie sich »sparen«. Umweltschutz ist immer glaubwürdig und respektabel, auch wenn er nicht allumfassend ist. Allerdings hat Ihre Freundin nicht unrecht: Mit den regelmäßigen Flügen ins nahe Ausland belasten Sie das Klima erheblich. In diesem Punkt könnten Sie durch weiteren Verzicht einen entsprechend bedeutsamen Beitrag leisten.

Zumal Städtereisen den Horizont kaum erweitern: Die Destinationen sind völlig übervölkert und gleichen sich dank Starbucks, Zara und den anderen Megaketten so sehr, dass man gleich zu Hause bleiben kann. Das ist ökologischer, günstiger und entspannter. Besonders, da es auch in der Nähe so viele tolle Dinge zu entdecken gibt, die man noch nicht kennt: In der Schweiz zum Beispiel gibt es Murten, Zofingen und Aarberg mit ihren märchenhaft schönen Altstädten, am Neuenburgersee badet es sich wunderbar, das Bündnerland ist eine großartige Feriendestination und Glarus ein Paradies zum Wandern und Biken. Wer braucht da noch das dreckige, laute, vollgestopfte Paris?

»Wenn Mütter über das Stillen reden und entzückt erzählen, wie ihr Kind auch mit fast zwei Jahren nach der Brust verlange, denke ich (w, 36, kinderlos): Ihr wollt das doch so, ihr manipulativen Freaks. Liege ich falsch?«

Das ist eine Frage, die Sie, vielleicht in etwas freundlicheren Worten, idealerweise besagten Müttern stellen. Man würde Ihnen dann erklären, dass sich das Abstillen sehr individuell gestalte, vom Kind ausgehe, kaum je vor dem ersten Geburtstag stattfinde und bis über den dritten hinaus dauern könne. Es ist daher überhaupt nicht ungewöhnlich, wenn eine Frau ihr knapp zweijähriges Kind noch stillt. Allerdings gibt es hierzu, wie zu allem, eine gesellschaftliche Wahrnehmung, die nach eigenen, oft ziemlich realitätsfernen Gesetzmäßigkeiten operiert. In diesem Fall verlangt sie, dass ein Säugling gefälligst auch wie ein Säugling auszusehen habe; also wie ein Baby und nicht wie ein Kleinkind. Ansonsten wittert sie etwas Widernatürliches, und darauf reagiert sie meist ausgesprochen schlecht. Wie auf gleichgeschlechtliche Paare, die heiraten möchten. Oder körperlich Behinderte, die gern Sex hätten. Oder orthodoxe Juden, die eine Frau nicht grüßen, die nicht die eigene ist. Oder männliche Kita-Betreuer.

Viele Mütter haben große Mühe, ihr Kind loszulassen, denn das bedeutet, dass es sie immer weniger braucht – die Mutter also vermeintlich zu einem unwichtigen Menschen wird, was je nach Selbstbild katastrophale Auswirkungen haben kann. Dieser Prozess beginnt faktisch bereits mit dem Abstillen, und es gibt gewiss manche Mutter, die aus rein egoistischen Gründen versucht, ihn möglichst lange hinauszuzögern. Um ein solches Motiv festzustellen, müsste das gestillte Kind allerdings schon vier oder fünf Jahre alt sein. Die Frauen, die Sie beobachtet haben, erfreuen sich wohl einfach an ihrer Mutterschaft. Und daran sollte erst mal nichts verdächtig sein.

»Ich (m, 52) habe seit acht Jahren eine Geliebte, der ich immer wieder versprochen hatte, mich von meiner Frau scheiden zu lassen. Nun will ich mich aber stattdessen von ihr trennen. Wie mache ich das am besten?«

»Am besten« ist hier nicht die passende Formulierung, denn das ist der Superlativ von »gut«, und gut ist an dieser Situation gar nichts. Sie haben acht Jahre lang zwei Frauen betrogen, beide mit der jeweils anderen, und Sie haben beiden etwas vorgemacht: der einen die Treue, der anderen eine mögliche Zukunft. Doch auch wenn Sie nun mit Ihrer Geliebten Schluss machen, ändert das nichts daran, dass Ihre Ehe in Scherben liegt. Alles, was einst an Vertrauen und seelischer Bindung zwischen Ihnen und Ihrer Frau bestanden hatte, ist zerstört durch jahrelange Unaufrichtigkeit, Verheimlichung und die daraus resultierende Entfremdung. Die aber betrifft nicht nur Ihre Frau, sondern vor allem Sie selbst. Von allen Involvierten stehen Sie am schlechtesten da, denn Sie sind es, dessen Wort nichts gilt. Sie sind es, dem man kein Wort glauben darf. Sie sind es, der keine Skrupel hat.

Aber noch ist es nicht zu spät. Noch können Sie aus der Lüge hinaus- und in die Aufrichtigkeit hineintreten. Trennen Sie sich von Ihrer Geliebten, aber auch von Ihrer Frau, die Ihnen ja offenbar auch nie genügt hat, und kümmern Sie sich, am besten mit therapeutischer Unterstützung, um die Frage, was mit Ihnen nicht stimmt. Wie hat es mit Ihnen so weit kommen können, dass Sie kein Problem darin sehen, mehreren Menschen, die Ihnen vertraut haben, wieder und wieder ins Gesicht zu lügen? Mit anderen Worten: Wann und warum haben Sie sich von sich selbst getrennt? Die Suche nach Antworten wird nicht sehr angenehm werden für Sie. Aber noch unangenehmer wird es sein, so weiterzumachen und sich am Ende Ihres Lebens eingestehen zu müssen, dass Sie nur in einem wirklich gut waren: darin, sich selbst und andere zu verarschen. Und auch hier passt »gut« nicht.

»Meine Eltern machen ständig verletzende Kommentare über meine vegane Ernährungsweise, meine Kinderlosigkeit und meine neue Ausbildung. Protestiere ich, sagen sie, es sei nur Spaß. Was kann ich (w, 41) tun?«

Verbaler Missbrauch, wie Sie ihn beschreiben, ist leider etwas Normales. Er wird jeden Tag millionenfach ausgeübt; im privaten, beruflichen und institutionellen Umfeld. Und wie bei jeder Form von zwischenmenschlicher Gewalt spielt auch hier das Gefälle eine begünstigende Rolle: Eltern machen ihre Kinder klein, Lehrer ihre Schüler, Firmeninhaber ihre Angestellten. Und gerade weil verbaler Missbrauch so alltäglich ist, erkennen die Täter nicht, was sie damit anrichten, und ebenso wenig die Opfer, was bei ihnen angerichtet wird: Erstere stellen sich auf den Standpunkt, lediglich harmlose Witzchen zu machen, und Letztere reden sich ein, es sei bestimmt nicht so gemeint. Wer sich dennoch wehrt, gilt sofort als überempfindlich – was nur die Fortsetzung der Erniedrigung ist, wird damit ja nicht nur die Person, sondern auch deren Empfinden der Lächerlichkeit preisgegeben.

Sie fragen, was Sie gegen diesen bösartigen Unfug tun können. Die Antwort lautet: gar nichts. Wenn jemand einen geringen Selbstwert hat und diesen nur anheben kann, indem er andere herabsetzt, ist das ein schweres persönliches Defizit, um nicht zu sagen charakterlicher Bankrott.

Vermutlich waren auch Ihre Eltern Opfer von verbalem Missbrauch, aber es wäre ihre Aufgabe gewesen, dies beim eigenen Kind um jeden Preis zu vermeiden. Dass sie den Spott stattdessen replizieren, als Humor verkleiden und Ihnen damit einen Wahrnehmungsirrtum unterstellen, ist tragisch – und lässt Ihnen nur einen Ausweg: sich so weit zu distanzieren, dass es für Sie erträglich ist. Das kann sogar bedeuten, vorläufig gar nicht mehr mit diesen beiden Gestalten zu reden. Ein schlechtes Gewissen brauchen Sie nicht zu haben – der Fehler liegt eindeutig bei Ihren Eltern. Mit dem eigenen Kind darf man nicht so umgehen.

»Ich (w, 37) finde zwischen Job, Kind und Haushalt nie Zeit für mich und bin immer leicht gereizt.«

Die bildliche Formulierung »finden« ist hier durchaus passend: Ihr persönlicher Raum ist durch Ihre Arbeit und Ihre Familie vollständig ausgefüllt, und Sie können nirgendwo eine Lücke erkennen, in die Sie beziehungsweise Ihre Bedürfnisse hineinpassen. Es ist verständlich, dass Sie genervt sind, wenn von früh bis spät ständig jemand etwas von Ihnen fordert. Das Problem ergibt sich aber nicht aus Ihrer Umwelt, sondern daraus, dass Sie dieser keine Grenzen setzen. Anders gesagt: Zeit für sich findet man nicht – man muss sie sich nehmen. Prüfen Sie Ihre Arbeit: Leisten Sie da mehr, als Sie müssten? Sind Sie außerhalb der Bürozeiten erreichbar? Lassen Sie sich für Aufgaben einspannen, die andere subtil an Sie delegieren? Prüfen Sie Ihre Mutterrolle: Haben Sie ein schlechtes Gewissen, wenn Sie Ihrem Kind einen Wunsch abschlagen? Lassen Sie sich permanent von ihm unterbrechen? Prüfen Sie auch Ihre Beziehung und Ihren Haushalt: Liegen auch da Verantwortungen bei Ihnen, die geteilt werden müssten? Putzen Sie mehr als nötig? Muss es bei Ihnen immer perfekt aussehen? Machen Sie einen Komplett-Scan Ihres Lebens und fragen Sie sich, wo Sie sich anders, klarer, stärker verhalten könnten – und zweitens, warum Sie es nicht tun. Vermutlich leiden Sie an einem übersteigerten Pflichtgefühl und haben nie gelernt, Nein zu sagen. Hier wäre der Beizug einer therapeutischen Fachperson sehr hilfreich. Und schließlich müssen Sie unbedingt feste Zeiten festlegen, die nur Ihnen gehören. Morgens eine halbe Stunde, abends eine halbe Stunde, am Samstagmorgen zwei Stunden. Erklären Sie Ihrer Familie, dass das Ihre Zeit ist und man Sie in Ruhe lassen muss. Organisieren Sie die Haushaltsführung mit Ihrem Partner neu (falls sie überhaupt je organisiert wurde), seien Sie nett zu sich und schalten Sie Ihr Handy aus.

»Eine neue Bekannte von mir (w, 43) ist Anhängerin des Krishna-Glaubens. Bei jedem Treffen versucht sie zu missionieren. Wie kann ich sie weiterhin treffen, ohne dass es zu Reibereien kommt?«

Wir kennen diese Dynamik sowohl im freundschaftlichen als auch im romantischen Rahmen: Wir finden jemanden sympathisch, kommen ihr beziehungsweise ihm näher – und stellen fest, dass die Weltanschauungen massiv auseinandergehen. Das kann bereichernd sein, meist ist es aber nur nervig, weil unsere Toleranz nun einmal ihre Grenzen hat und bestimmte Positionen schlicht unvereinbar sind. Vor allem, wenn es um Grundsatzfragen geht. Anhänger:innen und Gegner:innen der Homöopathie beispielsweise werden einander immer komplett bescheuert finden, und eine Freundschaft zwischen ihnen ist nur möglich, indem sie das Thema bewusst ausklammern. Es führt sonst nur zu Streit, der wiederum nirgendwohin führt, weil die Meinungen ja gemacht sind. Redet der eine von Schwingungen, verdreht die andere nur die Augen, weil sie ausschließlich wissenschaftliche Nachweise akzeptiert.

In Ihrem Fall ist es genau gleich: Ihre Bekannte hat eine Sicht auf die Welt, mit der Sie prinzipiell nichts anfangen können, und umgekehrt. Dennoch scheinen Sie einander zu mögen, sonst würden Sie ja nicht zusammen am Tisch sitzen. Es stellen sich somit zwei Fragen. Erstens: Können Sie einander auch so dulden? Die Frage geht wohl vor allem an Ihre Kollegin und sollte dieser auch so gestellt werden: Kannst du es aushalten, Zeit zu verbringen mit jemandem, der in deinen Augen völlig falschliegt, ohne ihn ständig retten zu wollen? Und zweitens: Finden Sie genügend andere Themen? Sagen Sie Ihrer Kollegin, was Sie an ihr mögen und warum Sie sie weiterhin treffen möchten. Bitten Sie sie, das Gleiche zu tun. Vielleicht entsteht so eine Freundschaft. Vielleicht finden Sie aber auch endlich einen Anlass, Ihre Bemühungen um Verständnis einzustellen. Denn wie gesagt: Gewisse Positionen sind nicht kompatibel – und viele Kompromisse nur schädlich.

»Ich (w, 49) habe vor einem Jahr meinen manipulativen Ex verlassen. Es war die Hölle mit ihm – und doch vermisse ich ihn immer wieder. Wie kann das sein?«

Man sagt, es brauche immer zwei – aber es gibt in der Tat Menschen, die einem das Leben komplett zur Hölle machen können, ohne dass man überhaupt Zeit gehabt hätte, selbst etwas dazu beizutragen. Es beginnt mit spöttischen Vorwürfen, geht über zu manipulativen Verdrehungen und endet bei systematischer Erniedrigung. Leute, die sich so verhalten, sind sogenannte Narzissten. Darunter verstehen wir üblicherweise ein übersteigertes Selbstbild, aber tatsächlich ist genau das Gegenteil der Fall: Narzisst:innen tun bloß so, als fänden sie sich toll – in Wirklichkeit verachten sie sich und sind nur zufrieden, wenn sie jemanden haben, an dem sie ihren Selbsthass abreagieren können. Richtig glücklich sind sie, wenn der Mensch an ihrer Seite sein Leben komplett auf sie ausgerichtet hat und es ihm noch schlechter geht als ihnen selbst.

Es sind arme Teufel, die in ihrer Kindheit von anderen armen Teufeln aufs Schwerste misshandelt wurden, seelisch und oft auch körperlich. Und so schön, witzig und klug sie auch sein können, und so sehr man ihnen auch helfen will –

auf jemanden, der nicht nett ist, sondern gemein, darf man sich nicht einlassen. Beziehungsweise man muss sich sofort von ihm trennen, so wie Sie es getan haben.

Dass Sie das nun bereuen und sich nach einem Misshandler sehnen, dürfte wiederum mit Ihrer eigenen Kindheit zu tun haben. Wo sehen Sie Parallelen? Schreiben Sie alles auf und sprechen Sie es laut aus. Ändern können Sie es nicht mehr – das ist Ihre Prägung. Aber Sie können diese sichtbar und verständlich machen, zum Beispiel: »Mein Vater hat mich verhöhnt, und ich habe immer um seine Liebe gekämpft, darum sehne ich mich heute nach diesem Mann, der mich auch nur erniedrigt hat.« Indem Sie sich das radikal bewusst machen, verliert es seine Kraft – und verlagert Ihre Anziehung auf Menschen, die Ihnen guttun.

»Mein Partner lässt immer seine Socken herumliegen. Seit Jahren räume ich sie für ihn weg.«

Das hier ist eines der berühmtesten Beispiele für ärgerliches Männerverhalten, und man kann den damit verbundenen Unmut gut nachvollziehen: Ist es wirklich so schwierig, seine Socken zum Wäschekorb zu tragen, statt sie dort liegen zu lassen, wo man sie ausgezogen hat? Vor allem, nachdem man schon fünfzig Mal darum gebeten worden ist, in ansteigender Deutlichkeit? Die betrübliche Antwort lautet: Ja, für manchen ist es so schwierig. Der Aufwand, der geleistet werden müsste, ist minimal, aber dennoch in vielen Fällen zu viel verlangt. Die eigene Faulheit überwiegt die Achtung vor der Partnerin, die gezwungen ist, ständig schmutzige Socken einzusammeln, und das heißt nichts Gutes. Dass der eine sich vom anderen so bedienen lässt und daran trotz wiederholter Bitte nichts ändert, ist kein Hinweis auf eine von Respekt getragene Partnerschaft.

Es ist allerdings auch nicht ideal, dass Sie sich einerseits über Ihren Mann ärgern, andererseits aber dennoch Hausmädchen für ihn spielen. Anscheinend kann er sich darauf verlassen, dass die Socken, die er liegen lässt, auch ohne sein Zutun verschwinden. Was wäre, wenn Sie ihn darüber informieren, dass ab sofort jeder für seine eigene Wäsche verantwortlich sei, und seine nicht mehr anfassen? Oder das zumindest mit seinen Socken nicht mehr tun, ohne weiteren Kommentar?

Allem Anschein nach sollten Sie wieder einmal – falls Sie das überhaupt je getan haben – über die Aufgabenteilung in Ihrem Haushalt sprechen und damit über die Beiträge, die Sie beide zu Ihrem Zusammenleben leisten. Wann haben Sie sich zum letzten Mal beieinander dafür bedankt? Nicht zuletzt aber geht es hier um ein übergeordnetes Problem, wenn man den Müll besieht, den die Leute überall liegen lassen. Die Rücksichtslosigkeit und die Ignoranz beschränken sich nicht auf ihr Zuhause.

»Ich bestelle ständig etwas online.
Oft brauche ich es gar nicht wirklich.
Wie kann ich diese Gewohnheit ändern?«

Auch wenn Online-Shops extrem hemmschwellensenkenden Charakter haben – wie auch ihr diabolischer Verbündeter, die Kreditkarte –, lassen sich einige bestechende Vorteile nicht von der Hand weisen: Erstens muss sich der Konsument nicht ins Auto setzen, zweitens nicht mit übellaunigem Verkaufspersonal herumschlagen und drittens nicht wieder unverrichteter Dinge abziehen, weil das Sortiment schlecht bestückt ist. Wer einen runden Popo, riesige Füße oder kurze Beine hat, ist im Detailhandel angeschmiert, weil die passende Größe meist nicht vorrätig ist. Online-Shopping ist daher in vielerlei Hinsicht ein echter Segen: Es ist immer alles da und steht am nächsten Morgen vor der Haustür.

Wie Sie aber selber beobachtet haben, stehen diesen Vorteilen schwerwiegende Nachteile gegenüber. Gerade weil es so einfach ist, online einzukaufen, gerade weil alles innerhalb weniger Sekunden erledigt ist, handelt man oft, ohne ernsthaft zu überlegen und ohne seinen wahren Bedarf zu würdigen (hier sieht man den Unterschied zum Bedürfnis). Dass die Online-Shops auch die Retoure vereinfachen, mit

Gratis-Rücksende-Etikette, hilft da nicht. Kein Wunder, sind die Paketboten schon morgens um halb acht völlig außer Atem. Und kein Wunder, hat man die Wohnung voll mit Zeug, das man kaum je in Gebrauch nimmt.

Es gibt aber ein simples Gegenmittel: Kaufen Sie weiterhin schamlos ein – indem Sie die Dinge, die Ihnen gefallen, wohl in den Warenkorb legen beziehungsweise auf eine Merkliste setzen, aber nicht sofort kaufen, sondern erst darüber schlafen. Vor allem bei großen Anschaffungen, eigentlich aber bei allen, sollte man nicht seinem Impuls folgen, sondern etwas zuwarten, um zu prüfen, ob einem die Sachen nicht nur kurzfristig zusagen. Das ist übrigens auch bei Beziehungen so.

»Ich (w, 38) habe bei der Arbeit einen Mann kennengelernt. Wir verstehen uns super und haben uns ineinander verliebt. Aber er ist verheiratet und Familienvater. Was sollen wir tun?«

Die gegenseitige Anziehung zwischen zwei Menschen ist ein Phänomen, auf das wir häufig komplett falsch reagieren, und zwar, indem wir eine Beziehung eingehen. Wir glauben, unsere Gefühle – zumal sie ja geteilt werden – seien ein Beweis für die entsprechende Notwendigkeit wie auch für das sichere Gelingen. Haben wir bereits eine Beziehung, glauben wir, uns zwischen dem aktuellen und dem potentiellen neuen Partner entscheiden zu müssen. Häufig wird allerdings gar keine Entscheidung gefällt, sondern neben der bestehenden eine heimliche Beziehung geführt. Aber auch wenn beide Single sind, lohnt sich ein genauer Blick, bevor man etwas anfängt, das vielleicht nur an der Oberfläche glänzt und aus dem man sich nur unter Schmerzen wieder befreien kann.

Es ist offensichtlich, dass in der Ehe dieses Mannes etwas nicht mehr stimmt. Sonst hätte er sich allein schon anstandshalber von Ihnen ferngehalten. Stattdessen hat er Ihre Nähe gesucht, was eine Form von Missbrauch ist: Er holt sich bei Ihnen schöne Gefühle, um seine seelische Not zu lindern, und erzeugt damit nur neue.

Ihm wäre zu raten, dass er sich mal in Ruhe hinsetzen und fragen möge, was genau ihm in seiner Ehe fehlt – und ob es grundsätzlich fehlt, weil er und seine Partnerin nie zusammengepasst haben, oder ob er zum Fehlen beigetragen hat. Das ist der Grund, warum Sie in sein Leben getreten sind: um ihm aufzuzeigen, was dort schiefläuft. Und er ist in Ihres getreten, damit Sie zwei Dinge lernen können: erstens, wie es sich anfühlt, wenn es mit jemandem auf Anhieb stimmt, und zweitens, damit Sie dennoch Verzicht üben. Denn Beziehungen mit Menschen, die schon eine haben, stürzen einen immer ins Unglück. Warten Sie auf jemanden, der frei ist für Sie.

»Wenn ich ins Kino oder Theater gehe, gibt es immer ein paar Leute, die schwatzen und alles kommentieren. Weise ich sie zurecht, sind sie beleidigt.«

Damit beschreiben Sie ein in der Tat ausgesprochen ärgerliches Verhalten: Man benimmt sich, als wäre man allein auf der Welt, und wird sofort ausfällig, kaum gibt einem jemand zu verstehen, dass dem nicht so ist.

Früher war nicht alles besser, aber einiges leider schon. Unter anderem, dass in Kinos und Theatern Ruhe herrschte. Man war sich des Unterschieds zwischen den eigenen vier Wänden und dem öffentlichen Raum bewusst und verhielt sich entsprechend. Es gab einen Konsens darüber, dass man seinen Mitmenschen an visuellen, auditiven und olfaktorischen Emissionen möglichst wenig zumuten darf. Dieser Konsens ist leider dahin, und der Anstand somit auch. Die Leute gefallen sich sogar darin, sich überall so zu benehmen, wie es ihnen gerade passt, und sehen es als ihr gutes Recht an, überall und jederzeit laut zu sein. Etwaige Zurechtweisungen empfinden sie folgerichtig als persönlichen Angriff, gegen den man sich pampig zur Wehr setzen muss, als wäre das ein demokratisch-freiheitlicher Akt. Überhaupt scheint schlechter Benimm heute als Ausdrucksform der Persönlichkeit zu gelten: Ich bin wer, drum darf ich alles, und Regeln sind eh für Streber und Langweiler.

Die Leute sind richtig unverschämt geworden, geradezu neopubertär. Es wäre daher in keiner Weise übertrieben, in jedem Vorführsaal einen bulligen Aufpasser mit starken Taschenlampen zu postieren, der jeden Störer aufs Barscheste bloßstellt und zurechtweist. Wer nicht in der Lage ist, für neunzig Minuten stillzusitzen und die Klappe zu halten, soll am besten zu Hause bleiben. Es ist eine fürchterlich vulgäre Bande, die da im Kulturbetrieb ihr Unwesen treibt, und jeder, der sich ihr entgegenstellt, ist für seinen Mut und seine Moral zu bewundern. Machen Sie bitte weiter so.

»Mein Freund und ich (w, 33) haben eine anstrengende On-off-Beziehung, wir haben uns schon viermal getrennt. Was raten Sie uns?«

Das Hauptproblem mit Beziehungen besteht darin, dass wir glauben, sie führten zwingend zum Glück. Wir denken, wir müssten einfach jemanden finden, der uns gefällt, und die Sache sei bis in alle Ewigkeiten geritzt. Aber wie wir immer wieder feststellen müssen, braucht es mehr als schöne Gefühle, um mit jemandem auszukommen. Gegenseitiger Attraktion ist daher stets mit einer gewissen Skepsis zu begegnen. Denn was sich wie eine Liebesbeziehung anfühlt, ist oft eine Lernbeziehung. Und die sind zwar furchtbar anstrengend, aber auch enorm wichtig.

Ihr Partner ist in Ihr Leben getreten, um Ihnen etwas aufzuzeigen, damit Sie daran wachsen können. Was könnte das sein? Was gibt es hier für Sie zu lernen? Denken Sie an die Dinge, die Sie an Ihrem Partner stören, und an die Konflikte, die Sie mit ihm austragen. Inwiefern erinnert Sie das an die Beziehung Ihrer Eltern? Und an Ihren Vater, den ersten Mann, zu dem Sie eine enge Bindung hatten? Was war dort genau »on-off«, also instabil und schmerzhaft? Wir wählen unsere Partner:in nicht nur aus, weil sie uns gefallen, sondern vor allem, weil sie uns mit jener Art Intimität versorgen, die wir aus unserer Kindheit kennen, egal, ob gut oder schlecht. Eine wirklich unabhängige Partnerwahl können wir erst treffen, wenn wir das erkannt haben.

Generell sind Beziehungen, vor allem im jugendlichen Alter, dazu da, unsere Bedürfnisse und Grenzen kennenzulernen und zu artikulieren. Schreiben Sie also auf, warum Ihre Beziehung mal »on« und mal »off« ist, was Sie dazu beitragen und wie es Ihnen dabei geht. Sie werden vermutlich erkennen, dass »off« Sie zwar Intimität vermissen lässt, Sie aber auch von etwas befreit, das letztlich nicht gut ist für Sie. Die zentrale Frage ist also: Welche Art von Nähe ist die richtige für Sie?

»Warum sind wir in Liebesbeziehungen oft unehrlich miteinander? Wäre nicht genau da Ehrlichkeit am meisten angezeigt?«

Ehrlichkeit ist eine feine Sache, aber sie hat einen gewichtigen Nachteil: Sie schafft unverzüglich neue Realitäten. Wenn man *wirklich* ehrlich mit jemandem spricht, gibt es kein Zurück mehr. Sagt man einer Freundin, dass man ihre Lebensführung missbillige, oder seinem Partner, dass man ihn nicht mehr so attraktiv finde und außerdem ein Auge auf einen anderen Menschen geworfen habe, läuft man beträchtliche Gefahr, diese Menschen zu brüskieren, sich einiges anhören zu müssen und schließlich allein dazustehen. Und selbst wenn einem dieses Ergebnis möglicherweise nicht mal unwillkommen ist: der Prozess ist es durchaus. Man will Menschen, die man gernhat, nicht verletzen, und – das ist vermutlich der noch stärkere Antrieb – man will nicht, dass diese Menschen einen nicht mehr gernhaben.

Dieser kombinierte Unwille ist der direkte Feind der Ehrlichkeit, und darum sind wir in Liebes- und anderen Beziehungen so oft unaufrichtig: weil es eben intime Beziehungen sind. Hier, wo ein einziger Satz so viel verändern kann, fällt uns die Ehrlichkeit am schwersten. Wir haben ja nur schon im Restaurant Mühe, der Bedienung zu sagen, das Essen habe nicht geschmeckt – kein Wunder, versinken wir in eisernes Schweigen, wenn es um wirklich Ernsthaftes geht.

Eigentlich geht es in dieser Diskussion aber nur um Feigheit, und mit den noblen Hinweisen auf Liebe, Rücksicht und Beziehungserhalt verkleiden wir sie bloß. Wir sind unehrlich, weil wir uns schonen wollen, das ist der einzige Grund. Die Dinge, die wir verschweigen, sind ja real, und auch wenn man nicht jede ungünstige Gewichtsveränderung des Partners protokollieren muss, gibt es doch manches, das einfach gesagt werden muss – weil das Verschweigen langfristig noch viel ärgere Konsequenzen haben wird. Nämlich die Entfremdung in alle Richtungen.

»Muss ich eine über 20-jährige Freundschaft beenden, weil wir einander mittlerweile politisch und ideologisch völlig widersprechen?«

Viele würde das nun leidenschaftlich verneinen und auf das befruchtende Potential von Gegensätzen verweisen: Ich lerne von dir, du lernst von mir. In der Praxis funktioniert diese schöne Idee aber nur bedingt, denn sie setzt voraus, dass man voneinander lernen und einander verstehen *will*, dass also das Gedankengut des einen für den anderen grundsätzlich attraktiv ist. Und dies wiederum ist nur der Fall, wenn beide einander über weite Strecken ähnlich sind. Um es anhand eines plakativen Beispiels zu erklären: Ein Neonazi und ein homosexueller arabischer Geflüchteter könnten durchaus voneinander lernen, und eine solche Begegnung würde in der Tat viel Frieden schaffen. Aber sie wird kaum jemals stattfinden, weil beide etwas verkörpern, das den anderen wütend macht und ängstigt, das er nicht versteht und mit dem er sich in keiner Weise identifizieren kann und eben auch nicht will.

In Ihrem Fall wird die Diskrepanz nicht derart dramatisch sein, schließlich kennen und schätzen Sie einander seit langem. Dennoch stellt sich die Frage, worüber man noch mit jemandem reden will – wirklich reden, nicht bloß Smalltalk führen –, der einen mit jedem zweiten Satz in den Wahnsinn treibt? Diese Erfahrung haben in jüngster Vergangenheit viele gemacht, deren Freund:innen sich in Corona-Leugner:innen, Staats-Skeptiker:innen und Verschwörungs-Clowns verwandelt haben. In solchen Fällen, wenn man sich diametral gegenübersteht, erzeugt die Begegnung nur noch Verdruss. Und dafür ist das Leben nun einmal einfach zu kurz. Entweder man kann sich mit jemandem relevant austauschen, so dass beide einander bereichern und anregen, was übrigens keineswegs hundertprozentige Übereinstimmung bedeutet, oder man lässt es, weil eben gar keine Übereinstimmung mehr möglich ist. Eine Freundschaft braucht, wie jede Beziehung, gemeinsame Themen, sonst funktioniert sie nicht.

»Ich (m, 48) bin seit Jahren getrennt von der Mutter meiner Kinder. Wir sind bestens eingespielt und beide in neuen Beziehungen, dennoch meldet sie sich täglich unter irgendeinem Vorwand bei mir.«

Sich als Eltern zu trennen, ist wohl eine der größten Herausforderungen, die Menschen in ihrem ansonsten normalen Leben zu bewältigen haben: Einerseits will man als Paar nichts mehr miteinander zu tun haben, andererseits muss man, seinen Kindern zuliebe, als Eltern ein konstruktives, respektvolles Auskommen finden. Vielen gelingt Letzteres aufgrund von Ersterem überhaupt nicht – immer wieder hört man von wüsten Racheorgien, die seit Jahren andauern, bloß weil der oder die eine nicht mehr mit der oder dem anderen zusammen sein wollte. Dass Sie beide gut miteinander auskommen, ist erfreulich und verdient Anerkennung.

Allerdings kann man als getrennte Eltern auch ein bisschen *zu* gut miteinander auskommen und so die Beziehung faktisch einfach weiterführen – der Umstand, dass es offiziell keine mehr ist, kann das sogar noch erleichtern. Nicht einmal eine neue Beziehung spielt da eine große Rolle, man hat dann einfach zwei. Vor allem Ihre Ex-Partnerin scheint sich in dieser Art der Bigamie ganz wohlzufühlen. Ob sie damit ihr einstiges Territorium gegen Ihre neue Partnerin verteidigt, ob sie Sie insgeheim zurückhaben will, ob sie den vermeintlichen Konkurrenzkampf zweier Männer genießt, oder ob sie sich einfach weigert, mit ihrem Leben voranzuschreiten, ist völlig unerheblich. Tatsache ist, dass das höchst ungesund ist und Sie beide nur zurückhält.

Nun kommt, nach all den Jahren, die nächste Phase Ihrer Trennung, indem Sie Ihrer Ex klar sagen, wann sie sich bei Ihnen melden darf. Dazu gehören natürlich Notfälle und dringende Erziehungsfragen, der Alltag mit niedlichen Kinderfotos aber nicht. Das passt einfach nicht mehr zu Ihrer Situation. Definieren Sie, kommunizieren Sie und setzen Sie die neue Realität strikt durch. Sie alle werden davon nur profitieren.

»Meine Frau hat in den letzten zwei Jahren fast 15 Kilo zugenommen. Darf ich (m, 42) von ihr verlangen, dass sie wieder abnimmt?«

Nein. Das wäre exakt die falsche Vorgehensweise. Ihre Partnerin leidet bestimmt sehr unter ihrem Übergewicht und will es noch viel mehr loswerden als Sie, und eine solche Forderung würde nur noch mehr Schmerz erzeugen. Gleichzeitig ist aber auch Ihr Unbehagen legitim. Sie finden Ihre Frau so nicht mehr attraktiv, das ist eine Tatsache. Einfach zu verlangen, dass der frühere Zustand wiederhergestellt wird, greift aber zu kurz – und bezieht sie überhaupt nicht ein. Sie stehen mit diesem Menschen in einer intimen Beziehung, und seine körperliche Veränderung steht mit Sicherheit in irgendeiner Verbindung dazu. Übergewicht hat meist emotionale Ursachen, und der seelische Zustand Ihrer Frau kann nicht losgelöst von Ihrer Partnerschaft und somit von Ihrem eigenen Verhalten betrachtet werden.

Setzen Sie sich also miteinander hin, sagen Sie Ihrer Frau liebevoll, aber deutlich, dass Sie sich an ihrer aktuellen körperlichen Verfassung stören, und fragen Sie sie dann, was ihr fehle und was Sie dazu beitragen könnten, dass es ihr bessergehe. Ihre Frau vernachlässigt sich offenbar – vernachlässigen Sie sie ebenfalls? Vernachlässigen Sie sich gar selbst? Wer liebt und achtet hier wen zu wenig, und weshalb? Was ist in den letzten zwei Jahren vorgefallen, und wie gehen Sie damit um beziehungsweise eben nicht?

Hier liegen jedenfalls diverse emotionale Themen vor, und die Hälfte davon sind Ihre eigenen. Dass Ihre Frau füllig geworden ist, ist nur eine materielle Äußerung eines energetischen Problems, das Sie entweder verursacht, mitverursacht, falsch behandelt oder komplett ignoriert haben. Reden Sie offen miteinander über all diese Dinge. Selbst wenn es der letzte Liebesdienst ist, den Sie einander erweisen.

»Warum reden Männer beim ersten Date so unglaublich viel?«

Weil sie so unglaublich unsicher sind. Sie würden es nie zugeben, aber Männer sind brutal eingeschüchtert, wenn eine Frau ihnen gefällt. Sie sind völlig überwältigt; von ihrem Äußeren, von ihrem Wesen – und von der Intimität, die nun einmal sofort entsteht, wenn zwei Menschen sich einander in Paarungsabsicht nähern. Jemanden zu daten, rührt an die ureigene Angst, nicht gemocht zu werden: Findet er oder sie mich interessant? Findet sie oder er mich attraktiv? Das sind zwar Fragen, die wir uns alle stellen, aber viele Männer haben Mühe, Verletzlichkeit und Hilflosigkeit zuzulassen. Es entspricht nicht dem gängigen Bild des selbstsicheren, starken und mutigen Mannes, der immer weiß, was zu sagen und zu tun ist. Und nun kommt da diese zarte Kreatur, setzt sich an den Tisch, guckt ihm einmal in die Augen, und die ganze Herrlichkeit ist dahin. Eine halbe Sekunde hat gereicht, und er ist wieder ein kleiner Junge. Was nun? Sich eingestehen, dass man total verlegen ist? Es gar der Verursacherin eingestehen? Das hätte die wohl gern! Also holt er zum Gegenschlag aus und feuert Berichte über seine zahlreichen Siege ab. Nicht nur, um der Frau zu versichern, was für einen tollen Hecht sie sich da angeln könnte –

sondern sich selbst. Er glaubt es ja selbst nicht mehr. Und dass es der Frau, die ihn mittlerweile mit einer Mischung aus Amüsement und Mitleid studiert, von Anfang an egal war, weil sie keinen Kriegshelden sucht, sondern einen Partner, ahnt er nicht. Gut, sie sagt es auch nicht, Frauen sind in solchen Situationen nicht unbedingt die offensten Bücher. Vielleicht unterbrechen Sie das Protzgeplauder beim nächsten Mal einfach und sagen dem Mann, dass Sie gern anderes, Persönlicheres von ihm erfahren möchten? Er wird es Ihnen danken. Der einseitige Penisvergleich langweilt nämlich auch ihn maßlos.

»Ich (w, 34) habe mich von meinem Freund getrennt. Meine Mutter, die sich gut mit ihm verstanden hat, wurde total wütend, ließ meine Beweggründe nicht gelten und meinte, ich solle am besten nie wieder eine Beziehung eingehen. Mittlerweile hat sie sich wieder beruhigt, aber ich bin total schockiert.«

Vorsicht ist geboten mit Menschen, die ihre Emotionen nicht im Griff haben! Auch wenn sie sich hinterher für ihr Verhalten schämen, hat es doch seine Gründe, und Reue lässt diese nicht verschwinden, sondern überdeckt sie bloß. Die übergriffige Reaktion Ihrer Mutter war gewiss nicht die erste ihrer Art und wird auch nicht die letzte sein. Sie sollten sie daher nicht als harmloses Versehen entschuldigen, sondern als Zeugnis einer Persönlichkeitsstörung einordnen und sich gut überlegen, wie nahe Ihnen Ihre Mutter künftig sein soll.

Der vielzitierte Ablösungsprozess ist ein beidseitiger Vorgang, und es macht den Anschein, als hätte Ihre Mutter erhebliche Mühe damit. Sie betrachtet Sie offenbar immer noch als kleines Mädchen, das nicht weiß, was richtig ist und was falsch. Das ist nicht gesund und wird Sie, solange Sie es zulassen, daran hindern, ein erwachsenes, unabhängiges Leben mit entsprechendem Selbstwert zu führen. Was übrigens genau die Absicht Ihrer Mutter ist, denn so wird sie sich bis zu ihrem Tod im behaglichen Gefühl suhlen, gebraucht zu werden, ein wichtiger Mensch zu sein und alles besser zu wissen. Im schlimmsten Fall wiederholen Sie den ganzen Mist mit ihren eigenen Kindern – Ihre Mutter wurde von deren Mutter mit Sicherheit auch durch eine jahrzehntelange »Du hast keine Ahnung und brauchst mich«-Kampagne kleingehalten. Nun ist es an Ihnen, diese fürchterliche, unter Müttern übrigens weitverbreitete Tradition zu brechen, indem Sie, soweit nötig, mit Ihrer Mutter brechen. Das heißt, dass Sie ihr nichts mehr erzählen, zu dem sie eine Meinung äußern könnte, die Sie verletzt. Wenn dabei – vorläufig – nur Smalltalk übrigbleibt, ist das halt so. Verbale Seichtheit ist immer noch besser als verbaler Missbrauch.

»Mein Freund und ich (w, 31) sind seit vier Jahren zusammen. Seit zwei Jahren rührt er mich nicht mehr an. Als ich ihn darauf ansprach, meinte er, er sei halt so. Was raten Sie mir?«

Auch wenn es hier um Sex zu gehen scheint, handelt es sich um ein fundamentales Problem: Ihr Freund hat es unterlassen, Ihnen die tatsächlichen Gründe für seinen Rückzug zu erklären, und Sie mit einer faulen Ausrede abgespeist, während Sie das offenbar so hingenommen haben und seither stumm vor sich hinleiden.

Die Frage ist also nicht, wie Sie Ihren Partner dazu bringen, sich wieder an Sie heranzumachen, sondern vielmehr: Wie können Sie es zulassen, auf einer derart dürftigen Grundlage mit jemandem zusammen zu sein? Die angemessene Reaktion auf die ersten Anzeichen, dass Ihr Freund sich distanziert, wäre doch gewesen, ihn zur Rede zu stellen. Und, wenn keine brauchbare Antwort kommt, den Besuch bei einer Paartherapeutin oder einem Therapeuten vorzuschlagen. Und, wenn er auch da nicht mitmachen will, diese Nicht-Beziehung eben zu beenden. Stattdessen sind Sie mit ihm zusammengeblieben; verunsichert, isoliert und auf jeder Ebene unbefriedigt. Warum tun Sie sich das an?

Natürlich ist es schwierig, über Emotionen und Bedürfnisse zu reden, da macht keiner von uns eine besonders elegante Figur. Aber Sie sehen ja, zu was für einer absurden und schmerzhaften Situation es führt, wenn man es unterlässt. Man kann zwar so leben – viele Paare leben so. Aber was für ein Leben ist das, in dem man sich zwar nahe ist, aber nicht intim miteinander? In dem man zwar eine Beziehung hat, aber keinen Bezug zueinander?

Wenn Sie eine Partnerschaft führen wollen, die diesen Namen auch verdient, kommen Sie nicht umhin, sich Ihrer Gefühle und Wünsche klar zu werden und diese klar zu artikulieren. Vielleicht zieht Ihr Freund ja mit. Wenn nicht, ist es höchste Zeit, sich zu trennen. Denn solche Probleme lösen sich nie von allein. Sondern nur durch mutige Beschlüsse, die der Selbstachtung entspringen.

»Ich (w, 41) bin neu auf einer Dating-Plattform. Fast alle Männerprofile langweilen mich – immer die gleichen Sätze über ›ein gutes Glas Wein‹ und ›tiefgründige Gespräche‹. Bin ich oberflächlich?«

Die gute Nachricht zuerst: Nein, Sie sind nicht oberflächlich, sondern haben offenbar klare Vorstellungen davon, wie ein Mann auftreten muss, um Ihr Interesse zu wecken: mit eigenem Charakter. Sie wollen nicht einfach einen Partner, damit Sie nicht mehr einsam sind, sondern einen, der Ihnen entspricht. Das ist der richtige Weg – aber er kann lang und gewunden sein, und man begegnet darauf einem Haufen nicht passender Kandidaten. Wenn Ihnen einer mit einem »guten Glas Wein« kommt, gehört er für Sie eben dazu. Sie sprechen nicht diese Sprache. Das ist legitim.

Nun die schlechte Nachricht: Ja, es ist ein bisschen oberflächlich, wenn Sie potentielle Partner danach beurteilen, ob sie Ihnen schon mit den ersten Worten ausreichend originell kommen. Bedenken Sie bitte, dass Dating-Plattformen insofern unfair konstruiert sind, als sie einen Menschen niemals in seiner Gesamtheit abbilden können und überdies echt knifflige Aufgaben stellen: »Erzähl etwas über dich« steht da, oder: »Was ist für dich ein perfektes Date?« Hier gute Antworten zu geben – persönliche, die witzig sind und schlau, die einen aus der Masse herausragen lassen, ohne dass es platt oder peinlich wird –, ist alles andere als einfach. Und wenn ein Mann sich hier nicht allzu viel traut, heißt das noch lange nicht, dass er eine Schlafmütze ist.

Vor allem aber: Wer sind denn Sie so? Was erzählen Sie über sich? Anstatt sich über das Angebot zu beschweren, könnten Sie sich ja überlegen, was an Ihnen interessant und überzeugend ist. Kann es sein, dass Sie Dating mit Shopping verwechseln? Eines ist klar: Da draußen gibt es viele passende Partner. Aber sicher keinen, der Sie auf den ersten Blick restlos überzeugt.

»Ich (w, 34) bin Vegetarierin. Jedes Jahr gibt es Streit, weil meine Familie beim Weihnachtsessen nicht auf Fleisch verzichten will. Am Ende esse ich die Beilagen.«

Fleischesser betrachten Fleischessen als menschliches Grundrecht und verteidigen es entsprechend leidenschaftlich. Weder für die Tiere noch für die Natur noch für ihre Mitmenschen mögen sie darauf verzichten, keinen einzigen Tag lang und an Weihnachten erst recht nicht, das ist nämlich ein Fest und verlangt nach einem entsprechenden Essen, Punkt.

Kommt aber die Familie zusammen, sollte nicht das Mehrheitswahlprinzip zur Anwendung gelangen, bei dem sich die Unterlegenen mit ihrer Niederlage zu arrangieren haben, sondern das Prinzip der Gemeinsamkeit. Und das funktioniert in diesem Fall so: Sie mögen kein Fleisch, also kommt kein Fleisch auf den Tisch, sondern für alle dasselbe vegetarische Gericht. Ansonsten zwingt man Ihnen zwei unbefriedigende Alternativen auf: Entweder fügen Sie sich und essen ebenfalls Fleisch, oder Sie füllen, wie Sie es erwähnen, Ihren Teller mit den Beilagen. In beiden Fällen hat man Sie geringgeschätzt, aus purem Egoismus und obendrein aus mangelnder Phantasie. Es gibt nämlich zahllose Möglichkeiten, ein schmackhaftes, festliches Menü ohne Fleisch zuzubereiten.

Das wäre übrigens auch ein bewusster Akt der so gern zitierten, aber so selten gewährten Nächstenliebe: Wir essen heute vegetarisch, weil wir eine Vegetarierin zu Gast haben. Genauso, wie man nicht raucht, wenn ein Nichtraucher am Tisch sitzt, und englisch spricht, wenn jemand kein Deutsch versteht. Es ist eine simple Anstandsfrage, und wenn Sie Ihrer Familie diesen Anstand nicht wert sind, nicht einmal an Weihnachten, sollten Sie sich überlegen, ob Ihre Anwesenheit überhaupt Sinn ergibt. Sie sehen ja, wie ernst man Sie nimmt und wie groß die allgemeine Bereitschaft ist, sich Ihnen zuliebe für einen einzigen Abend zurückzunehmen.

»Mein Mann hat das Gefühl, Gleichberechtigung sei Frauensache. Wieso kämpfen Männer nicht auch dafür?«

Dafür gibt es mehrere Gründe, und alle sind gleich betrüblich. Erstens liegt es in der Natur dieser Diskussion, dass diese einseitig geführt wird – sonst müsste sie überhaupt nicht geführt werden. Würden Männer sich in gleichem Maße wie Frauen für Gleichberechtigung einsetzen, wäre diese längst vollzogen. Es ist wie beim Rassismus: Hätten Täter so viel Interesse daran, ihn aus der Welt zu schaffen wie die Opfer, wäre er bereits damit aus der Welt geschafft.

Zweitens gilt Feminismus noch immer als eine rein weibliche und somit unmännliche Angelegenheit. Ein Mann, der Sympathie für feministische Anliegen äußert oder sich gar als Feminist bezeichnet, macht sich bei anderen Männern sofort zum Gespött. Kein Wunder, wenn man bedenkt, dass Männer, die einander mangelnde Männlichkeit unterstellen, dies tun, indem sie Begriffe für das weibliche Geschlechtsteil verwenden.

Und drittens sind viele Frauen überzeugt, besser zu wissen, was Feminismus bedeute, und tadeln Männer, die sich dafür einsetzen, sie würden dies nicht richtig tun – weil sie nicht verstünden, wovon sie reden. Das hilft auch nicht.

Aber wie dem auch sei: Ihr Mann hat unrecht. Tatsächlich ist Feminismus sogar primär Männersache, denn es sind ja die Männer, die auf Frauen herabschauen, in mannigfaltiger Weise, und etwas daran ändern müssen. Das befreit Sie aber nicht von Arbeit: Ihre Aufgabe ist es, Ihrem Mann aufzuzeigen, was er konkret zur Gleichberechtigung beitragen könnte. Diese Probleme brauchen exakte Anleitungen, um gelöst zu werden.

»Mein Partner schenkt mir (w, 29) immer wieder Reizwäsche und bittet mich, sie für ihn zu tragen. Ich weigere mich, weil ich es sexistisch finde. Er kann das überhaupt nicht verstehen und ist jedes Mal beleidigt. Wie mache ich es ihm klar?«

Reizwäsche ist schon allein des Begriffs wegen problematisch: Sie soll reizen. Und zwar nicht die Trägerin, sondern den Mann, der in den Genuss des Anblicks kommt – und seinerseits von entsprechenden Pflichten ja sinnigerweise entbunden ist: Die Frau muss sich in unbequeme Unterwäsche hineinquälen, um ihrem Partner zu gefallen, der derweil in seinen alten Jeans dasitzen und lechzen darf. Das ist in der Tat sexistisch, weil es eine fragwürdige Rollenverteilung vornimmt und ein massives Gefälle erzeugt. Die Sachlage wäre eine ganz andere, wenn das Thema Lingerie auch Ihnen Spaß machen und auch von Ihnen ausgehen würde. Aber so ist es reine Erpressung, perfid als »Geschenk« getarnt: Ihr Partner bietet Ihnen ein Kleidungsstück dar und leitet daraus das wunderliche Recht ab, gekränkt zu sein, wenn Sie sich nicht seinem Willen fügen. Schwierig.

Allerdings hat er sich das alles vermutlich gar nicht so genau überlegt, sondern er ist einfach ein junger Mann, der auf Sie steht und, wie alle jungen und nicht mehr ganz jungen Männer, anfällig ist für sexistische Produkte und Phantasien. Man – hier tatsächlich: der Mann – muss sich erst bewusst machen, dass Frauen gleichberechtigte Wesen sind und keine Sexdienerinnen und dass man sexuelle Wünsche zwar äußern, aber nicht einfordern darf.

Leider kommen Kerle jedoch selten von allein auf solche Erkenntnisse, weswegen Sie Ihrem Partner die Sache noch einmal genau erklären sollten. »Ich finde es sexistisch« reicht leider nicht. Warum finden Sie das? Was stört Sie genau? Wie wollen Sie von ihm gesehen werden und wie eben nicht? Kapiert er es dann immer noch nicht, sollten Sie die Beziehung zügig beenden. Dann ist er ein jämmerlicher kleiner Macho, und solche Typen darf man nicht mit weiblicher Gesellschaft belohnen.

»Die Corona-Maßnahmen sind völlig übertrieben. Wir leben in einer Diktatur!«

Über die Sinnhaftigkeit der Maßnahmen zum Infektionsschutz kann man durchaus geteilter Meinung sein. Vieles erscheint widersprüchlich, manches absurd, und dass die verschiedenen politischen Ebenen sich immer wieder über die Kompetenzen streiten, hilft nicht. Es gibt aber ein paar Dinge, über die wir uns einig sein müssen, wenn wir die Demokratie erhalten wollen:

1. Die Behörden haben nur ein Ziel vor Augen, und das ist der Schutz der Bevölkerung. Es geht weder um Schikane noch um Kontrolle und schon gar nicht um die heimliche Errichtung einer neuen Weltordnung. Wer so denkt und den Menschen, die Krankheit und Tod verhindern wollen, diabolische Absichten unterstellt, hat selber solche.

2. Wir erleben gerade eine Pandemie. Es gibt kein Drehbuch für deren Bekämpfung, sonst wäre es nie so weit gekommen – weil man mit bewährten Methoden gegen einen bekannten Gegner hätte vorgehen können. Covid-19 ist aber ein Novum. Es ist nicht fair, den Behörden das Unvermeidliche vorzuhalten: dass sie experimentieren müssen.

3. Die Behörden arbeiten intensiv mit Expert:innen zusammen, die sich weitestgehend einig sind. Was genau bringen nun völlige Laien an Wissen ins Spiel, das die Meinung der Fachleute kippen können soll? Wieso sind jetzt auf einmal alle Virolog:innen und Epidemiolog:innen? Kann es sein, dass hier die eigenen Fähigkeiten grotesk überschätzt werden?

4. Die Behauptung, wir würden in einer Diktatur leben oder wären gar Opfer von Faschismus, ist ein Schlag ins Gesicht der Millionen von tatsächlichen Opfern. Dieser Vergleich ist nicht zulässig und wird auch nur von Leuten angestellt, die offenbar keine Ahnung haben, was Faschismus bedeutet: Führerkult, Gleichschaltung von Presse und Justiz, Verfolgung und Ermordung politischer Gegner. Die Verordnung, im öffentlichen Verkehr eine Maske zu tragen, soll damit gleichbedeutend sein? Ernsthaft?

»Ich habe jemanden kennengelernt. Wie weiß ich (m, 32), ob sie die Richtige ist?«

Die Liebe funktioniert ähnlich wie ein Restaurant: Ob einem schmeckt, was man bestellt hat, weiß man erst, indem man es isst. Man kann das servierte Gericht intensiv beschnuppern, aber erst der mutige Griff zur Gabel zeigt, ob es das neue Lieblingsmenü wird – oder ob man nie wieder einen Fuß in dieses Lokal setzt. Das gilt auch für Ihre Situation: Um herauszufinden, ob diese Frau wirklich zu Ihnen passt, werden Sie nicht darum herumkommen, eine Beziehung mit ihr einzugehen. Nur so erfahren Sie, mit wem Sie es wirklich zu tun haben und ob Sie auch mit den Schattenseiten dieser Person klarkommen – und sie mit Ihren. Und ab hier funktioniert der Restaurant-Vergleich leider nicht mehr.

Auf der einen Seite ist eine Beziehung etwas sehr Schönes, Leichtes, Heiteres und Erotisches. Auf der anderen Seite bedeutet die Intimität, die sie erzeugt, aber auch, dass wir einander mit unseren Altlasten konfrontieren: mit alten Verletzungen, altem Groll, alten Ängsten. Und die sind uns oft gar nicht bewusst, was auch der Grund ist, weshalb wir so überrascht sind, wenn eine Beziehung, die sich erst großartig angefühlt hat, plötzlich zu einem schmerzhaften

Chaos aus Angriff und Verteidigung verkommt. Dabei bedeutet das nur, dass wir die Oberfläche verlassen haben und miteinander in die substantiellen Tiefen abgetaucht sind. Dorthin, wo sich zeigt, wer wir wirklich sind. In unserer komplexen Gesamtheit.

Gehen Sie mit dieser Frau ruhig eine Beziehung ein, aber bleiben Sie achtsam und ehrlich. Reden Sie miteinander, aber richtig – was Paare leider selten tun. Öffnen Sie sich, aber richtig: Reden Sie über Ihre Traumata und darüber, was für Sie bis heute schwierig ist. Und zwar, bevor es zum Konflikt kommt und Sie nur noch reagieren können wie verletzte Kinder.

»Ich bin sehr strukturiert, mein Mann ist ziemlich chaotisch. Wir geraten immer wieder aneinander.«

Sie erleben, was alle erleben, die in ihrem Naturell verschieden, einander aber nahe sind: einen Machtkampf. Im Weiteren stellen Sie fest, dass ein solcher nicht gewonnen werden kann. Denn dafür müsste einer von Ihnen sagen: »Du hast recht, ich liege völlig falsch mit meinem Charakter. Ich werde ihn für dich ablegen, ab heute bestimmst alles du.« Doch so was sagt nie jemand. Also, was tun?

1. Akzeptieren Sie, dass keiner von beiden sich durchsetzen kann, weil keiner seinen Charakter aufgeben wird. Ihre Versuche, einander zu verändern, sind von vornherein zum Scheitern verurteilt. Geben Sie daher sämtliche entsprechenden Hoffnungen auf und nehmen Sie einander so an, wie Sie nun eben einmal sind: strukturiert beziehungsweise chaotisch. Lieben Sie einander trotzdem?

2. Wenn man zusammenlebt, bedeutet dies, dass beiden gleich viel Raum zusteht, in jedem Sinne des Wortes. Das heißt, Ihr Mann darf exakt 50 Prozent Ihrer Wohnung durch Chaos verunstalten. Nicht 10, nicht 20, sondern 50. Können Sie damit leben? Sie müssen nicht! Die Frage ist, ob Sie *können*.

3. Verhandeln Sie, falls ja, die Details: Wo darf Ihr Mann unordentlich sein, wo ist es für Sie unerträglich? Umgekehrt wird es auch für Ihren Partner Bereiche geben, in denen er Ihre Pedanterie problemlos ertragen kann. Erarbeiten Sie einen Kompromiss, mit dem beide gut leben können. Gelingt Ihnen das nicht, ist das übrigens kein Scheitern, sondern ein ehrliches Eingeständnis Ihrer Grenzen. Man muss sich nicht endlos verbiegen. In dem Fall sollten Sie sich selbst und Ihrem Partner einen Gefallen tun und getrennte Wohnungen nehmen. Das ist vermutlich ohnehin für viele Paare die schlauere Idee.

»Darf man heute noch in den Puff?«

Die Problematik mit der Prostitution ist in erster Linie eine juristische. Sex-Arbeiter:in ist ein Job, aber kein offiziell anerkannter. Menschen, die in diesem Feld arbeiten, sind erschreckend schutzlos: Sie können vor kein Gericht ziehen und keine Ferien einfordern, es gibt keine arbeitsrechtlichen Standards, keine Pensionskasse und keine Rente. Wir sollten uns daher weniger auf Mitleid verlegen gegenüber ihnen, als vielmehr dafür sorgen, dass sie ihrer Arbeit in Würde und Sicherheit nachgehen können. Namentlich durch eine Anpassung der Gesetze.

Dennoch stellt sich immer die Frage, inwieweit diese Frauen und Männer freiwillig in den Puffs arbeiten. Auch jene, die es nicht unter offensichtlichem oder verstecktem Zwang tun, gehen einen merkwürdigen Handel ein: Sie schlafen mit einem Menschen, einzig weil er ihnen Geld dafür gibt. Wenn sie Glück haben, ist er ihnen sympathisch. Wenn sie noch mehr Glück haben, können sie andernfalls Nein sagen. Aber diese Angelegenheit kann den Ruch der Ausbeutung nie vollständig ablegen, denn Sex ist das Intimste, was Menschen einander geben können, und die Verknüpfung mit Geld – dem Unpersönlichsten – kann auch bei sehr liberaler Betrachtung nicht als seelisch gesund angesehen werden. Und zwar in beide Richtungen nicht.

Doch wenn der Mensch in einem gut ist, dann im Schönreden. Er redet sich den Raubbau an der Natur schön, den Massenmord an den Tieren, die Armut von vielen und den Reichtum von wenigen sowie den Besuch im Bordell. Schönreden kostet nichts und wirkt sofort. Aber genau daran erkennt man es: Wenn man es schafft, seine Skrupel mit einem einzigen Satz beiseitezuwischen, waren die Skrupel höchstwahrscheinlich begründet und der Satz höchstwahrscheinlich eine faule Ausrede. In diesem Sinne: Nein, man darf nicht in den Puff.

»Mein Mann hat mich nach mehr als 40 Ehejahren verlassen – nachdem er schon über ein halbes Jahr eine Neue hatte. Ich kann ihm das einfach nicht verzeihen.«

Was das Verzeihen anbelangt, begehen wir einen interessanten Denkfehler: Wir setzen es mit dem Billigen gleich. Weil wir aber logischerweise nicht gutheißen, was uns verletzt hat, weigern wir uns, es zu verzeihen, und versinken in ewigem Groll. Doch Verzeihen hat mit Billigen nichts zu tun. Indem wir verzeihen, spenden wir keinen Beifall – wir entscheiden uns einfach, nicht mehr darauf zu reagieren. Oder besser: nicht mehr dagegen zu protestieren.

Protestieren ist ausgesprochen verlockend, weil es einem das wunderbare Gefühl verleiht, im Recht zu sein. Am verlockendsten ist der Protest natürlich, wenn man tatsächlich im Recht ist. In Ihrem Fall muss man anerkennen, dass es ziemlich unfein ist, heimlich eine neue Beziehung anzufangen und sich ein halbes Jahr Zeit zu lassen, bevor man die Sache seiner Partnerin gesteht. Es ist für Sie allerdings auch die perfekte Ausgangslage, um ein Leben lang recht zu haben. Was nichts anderes heißt als: sich grenzenlos zu bemitleiden.

Ihr Ex-Mann hat bestimmt lange und intensiv mit sich gerungen: Soll ich die neue Beziehung eingehen? Wie sage ich es meiner Frau? Was ist der beste Moment dafür? Man muss in solchen Fällen auch die menschliche Natur und die konkreten Fähigkeiten des Betroffenen in Betracht ziehen und sich fragen: Hätte ich mich an seiner Stelle wirklich nobler verhalten? Die Antwort ist meist ein klares Nein. Wir handeln so gut, wie wir können. Nicht wie wir sollten.

Verzeihen heißt, nicht mehr recht haben zu wollen, die Vergangenheit nicht mehr ändern zu wollen, sich nicht länger zu bemitleiden und den anderen nicht bestrafen zu wollen. Es heißt aber auch, nicht zu verdrängen. Wenn noch schlechte Gefühle in Ihnen sind, müssen die raus, und zwar restlos.

»Warum sind so viele Frauen so kindisch? Ich (m, 48) habe oft den Eindruck, von lauter Prinzessinnen umgeben zu sein.«

Fairerweise müsste die Frage lauten: »Warum sind so viele Menschen so kindisch?« Frauen haben in diesem Punkt überhaupt keine Monopolstellung, wie ein Blick in die von männlichem Fehlverhalten überquellende Tagespresse zeigt. Dennoch gibt es wesentliche Unterschiede zwischen männlicher und weiblicher Unreife, und die ist der Sozialisierung geschuldet, also der Art, wie Kinder betrachtet und behandelt werden: Wie spricht man zu Mädchen? Was lobt man? Was nicht? Wann ist ein Mädchen lieb und anständig? Wann nicht? Auch wenn wir es für überholt und falsch halten, und zwar zu Recht, gilt ein männlicher Jugendlicher, der seine Gefühle zeigt, noch immer als unmännlich, während eine junge Frau, die ihre Meinung sagt, bald als unbequem und aufmüpfig gilt.

Man lehnt sich wohl nicht allzu weit aus dem Fenster, wenn man behauptet, dass Frauen zu einer gewissen Kindlichkeit geradezu erzogen werden. Sie werden für das Mädchenhafte gelobt, also für das Hübsche, Unschuldige, Niedliche, während man ihnen immer wieder zu verstehen gibt, dass Selbstbewusstsein und Unabhängigkeit etwas ist, an dem sich nur Huren und Hexen versuchen. Kein Wunder, bleiben viele von ihnen auf einer Teenager-Entwicklungsstufe stehen – es ist der Platz, den wir ihnen zuweisen und auf dem sie sich sicher fühlen.

Die attraktiven unter ihnen sind es außerdem gewohnt, dass ihnen ständig von allen Seiten die Welt zu Füßen gelegt wird. Sie kennen keine Widerrede und keine Kritik, und wenn sie dann doch mal erfolgt, empfinden sie es als Majestätsbeleidigung – und reagieren wie ein Kind mit Wut und Tränen darauf. Das ist mühsam und ärgerlich, aber eben die Folge von jahrzehntelangem »Du bist aber niedlich!«. Wir sollten uns gut überlegen, was wir unseren Töchtern sagen. Wir prägen damit ihr Leben. Und das all jener, die mit ihnen zu tun haben werden.

»Wieso spürt mein Freund nicht, was ich (w, 38) brauche? Ich muss ihn ständig darauf hinweisen.«

Gegenfrage: Wieso ist ein Partner in Ihren Augen dazu da, Ihre Bedürfnisse zu erspüren und zu befriedigen? Diese Idee ist zwar weit verbreitet, aber auch ziemlich unreif (was möglicherweise die Verbreitung begünstigt). Eine erwachsene, eigenständige Frau benötigt keinen Seelendiener, der sie »immer glücklich macht«, denn sie hat begriffen, dass Zufriedenheit nicht funktioniert, solange diese von äußeren Faktoren abhängt. Vor allem, wenn einer dieser Faktoren ein Mensch ist. Das führt nur zu ständig wiederkehrender Frustration. Diese nehmen Sie gewiss wahr, aber offenbar machen Sie als Quelle noch immer das Verhalten Ihres Partners aus – anstatt Ihr eigenes Betriebssystem. Dort, in Ihren Überzeugungen und Erwartungen, liegt der Fehler. Das könnten Sie daran erkennen, dass Ihre Lebensumstände sich immer wieder geändert haben, Ihr Lebensgefühl aber dasselbe geblieben ist: stets ein bisschen enttäuscht, stets ein bisschen genervt, stets ein bisschen gekränkt.

Es ist nicht die Aufgabe Ihres Partners, zu »spüren«, was Sie brauchen. Und schon gar nicht, dafür zu sorgen, dass Sie es bekommen. Beides liegt in Ihrer Verantwortung. Sie selbst müssen Ihre wahren seelischen Bedürfnisse erkennen und Ihr Leben so einrichten, dass Sie sich wohlfühlen. Vor allem müssen Sie lernen, offen und direkt zu kommunizieren. »Hinweise« sind ein absolut untauglicher und obendrein feiger und manipulativer Umweg, um ans Ziel zu gelangen. Wenn Sie von Ihrem Partner etwas brauchen, beispielsweise mehr gemeinsame Zeit, müssen Sie das genau so sagen. Man muss alles genau so sagen, wie man es meint, und zwar sofort. Alles andere führt zu Missverständnissen, aufgestautem Groll und in der Folge zu schlechten Beziehungen. Werden Sie erwachsen und reden Sie mit Ihrem Partner. Und nicht über ihn.

»Ich (w, 48) und mein Ex-Mann haben wegen der Kinder weiterhin regelmäßigen Kontakt. Ich möchte endlich mit ihm über unsere Trennung sprechen, aber er weigert sich seit über zwei Jahren.«

Ihr Ex-Mann verfolgt eine populäre Taktik: Indem er nicht über die Trennung spricht, muss er sich nicht mit den damit verbundenen Gefühlen auseinandersetzen; weder mit Ihren noch mit seinen. Opfer von sexualisierter Gewalt und anderen traumatisierenden Erfahrungen gehen oft auch so vor: Sie schweigen, weil sie das schmerzhafte Erlebnis einfach nur hinter sich lassen wollen, und darüber zu sprechen wäre genau das Gegenteil. Diese Haltung ist nachvollziehbar, aber sie funktioniert nicht. Es gibt in diesem Zusammenhang den englischen Begriff »*to bottle something up*«, also etwas in einer Flasche verschließen, und genau das passiert, wenn man nicht über seinen Schmerz spricht, sondern ihn in sich vergräbt: Er ist dann immer noch da, kann aber nicht raus und schwärt im Verborgenen vor sich hin, wo er unser Denken und Handeln negativ beeinflusst. Darunter leiden auch andere, wie Sie im vorliegenden Fall:

Ihr Ex-Partner verweigert ein klärendes Gespräch, und Sie sitzen da mit lauter unausgesprochenen Emotionen, die in der Folge genauso »*bottled up*« sind wie jene Ihres Ex-Mannes und Sie genauso quälen.

Die gute Nachricht ist aber: Sie brauchen ihn nicht für dieses Gespräch. Stellen Sie sich einfach vor, er stünde leibhaftig vor Ihnen, und werfen Sie ihm alles an den Kopf, was Sie belastet. Besser noch: Wenn er nicht da ist, kann er nicht widersprechen, und Sie brauchen keinerlei Rücksicht zu nehmen auf seine Gefühle! Sie können ihn anschreien und beleidigen, bis Sie heiser sind und Ihnen nichts mehr einfällt, weil alles draußen ist. Gehen Sie in den Wald, fahren Sie mit dem Auto durch die Gegend, und sagen Sie alles, was gesagt werden muss. Nur weil Ihr Ex-Mann den Kopf in den Sand steckt, brauchen Sie das nicht auch zu tun. Sie verleihen ihm sonst die Macht über all Ihre Emotionen – was Sie womöglich schon vorher getan haben.

»Mein Freund führt ein Restaurant. Ich (w, 27) sehe ihn nur wenig, am Wochenende können wir nie etwas zusammen unternehmen, worunter ich sehr leide. Wir lieben einander aber sehr. Was soll ich tun?«

Für eine funktionierende Beziehung braucht es Gemeinsamkeiten – hinsichtlich der Weltanschauung, der Lebensziele, dem Humor, der Sexualität, aber eben auch bezüglich der Lebensumstände. Denn nur wenn man vieles teilt, und dazu gehört vor allem Zeit, kann man eine Partnerschaft führen, die diesen Namen auch verdient. In Ihrem Fall, und das macht ihn wohl so schwierig, scheint auf persönlicher Ebene vieles zu stimmen, ein ebenso gewichtiger Teil aber nicht, nämlich der Alltag: Ihr Freund führt ein Leben, das ganz auf seinen unternehmerischen Erfolg ausgerichtet ist und in dem für Sie so wenig Platz bleibt, dass Sie leiden. Dem gegenüber stehen natürlich Ihre Liebe und Ihr Wunsch nach einer richtigen Beziehung – aber beides ist in der Beurteilung der Frage, ob Sie die aktuelle weiterführen sollen, völlig irrelevant. Es geht einzig um die Frage, wie Sie sich hier und heute fühlen. Und die haben Sie ja beantwortet.

Eine Trennung wird Sie traurig machen, da aber kein persönlicher Grund dafür vorliegt, sondern ein sachlicher, werden Sie in den seltenen Genuss eines friedlichen Abschieds kommen; ohne Vorwurf, ohne Erniedrigungsgefühle und ohne Reue. Sie werden Verständnis füreinander haben und einander in Liebe loslassen können. Das ist eine ungemein wertvolle Erfahrung, an der Sie beide wachsen werden. Sie werden dadurch erkennen, dass man nicht verpflichtet ist, etwas auszuhalten, das einen einerseits glücklich macht, andererseits aber auch ziemlich unglücklich. Und dass es richtig ist, das ganze Glück anzustreben. Und dass es Beziehungen gibt, die nicht fürs Leben gemeint sind, sondern für einen schönen Teil davon. Und Sie werden erkennen, was es braucht, damit Ihre nächste Beziehung richtig passt.

»Seit dem Corona-Lockdown sind ich und mein Partner, der positiv getestet wurde, allein zu Hause. Wir schweigen uns nur an. Ich (w, 38) habe ihm eine WhatsApp-Nachricht geschrieben, dass wir mal reden sollten, aber er antwortet nicht.«

Covid-19 ist ein faszinierendes Phänomen. Ein mikroskopisch kleines Virus hat es geschafft, den ganzen Planeten lahmzulegen und uns komplett auf uns selbst zurückzuwerfen. Nun können wir den Konflikten, die wir mit anderen und uns selbst haben, nicht länger ausweichen. Die Ablenkungsmöglichkeiten – arbeiten gehen, ausgehen, saufen, fremdgehen – sind kollabiert. Das ist gleichzeitig ein Fluch, weil es schmerzhaft ist, und ein Segen, weil es uns nötigt, endlich hinzusehen und die Dinge zu ändern, die wir schon längst hätten ändern sollen. Wenn wir jetzt klug sind, werden wir Covid-19 später sehr dankbar sein.

In Ihrem Fall hat das Virus offengelegt, dass Sie und Ihr Mann an erheblicher Kommunikationsschwäche leiden. Obschon Sie sich in derselben Wohnung aufhalten, schreiben Sie ihm lieber eine Nachricht, als mit ihm zu reden, und unternehmen, nachdem die Antwort ausbleibt, nichts weiter, um das Schweigen zu brechen, das Ihr Zusammenleben gewiss schon vor der Pandemie geprägt hat. Allerdings haben sich Paare, die nicht miteinander reden, einander nur in den seltensten Fällen nichts zu sagen – üblicherweise hätten sie im Gegenteil sehr viel zu diskutieren, wissen aber nicht, wie damit anfangen, und warten darauf, dass der andere es endlich tut. Vielleicht hilft es Ihnen, erst mal für sich herauszufinden, was Ihnen auf dem Herzen liegt. Schreiben Sie Ihrem Mann also einen Brief mit all den Dingen, die Sie ihm schon lange sagen wollen. Und dann setzen Sie sich vor ihn hin und lesen ihm diesen Brief vor. Das wird enormen Mut kosten, aber ein Vielfaches an Heilung bringen. Bedenken Sie: Die Pandemie wird irgendwann überwunden sein, auch ohne Ihr Zutun. Ihre seelische Not aber mit Sicherheit nicht.

»Ich (w, 39) bin verheiratet und habe ein vierjähriges Kind – und seit zwei Jahren einen Freund. Was soll ich tun?«

Gewiss gab es diesen einen Moment, als Ihnen bewusst wurde, dass Ihre Ehe sich in eine ungute Richtung entwickelt. Damals hätten Sie sofort mit Ihrem Partner darüber reden müssen, was Ihnen fehlt und wie Sie Ihre Situation am liebsten verändern möchten. Aber das macht kaum jemand so. Stattdessen reden sich die Leute ihre Beziehung schön und verleugnen ihre Bedürfnisse – oder sie befriedigen sie, indem sie eine heimliche Zusatzbeziehung eingehen. Beide Methoden sehen nach einem nahezu perfekten Deal aus: Nichts quält einen mehr, und man muss keine unangenehmen Gespräche führen oder sich gar trennen.

Tatsächlich aber ist beides ein massiver Verrat – gegen sich selbst, gegen den Partner, gegen den Liebhaber und nicht zuletzt gegen das eigene Kind. Allen wird etwas vorgespielt, das nicht der Wahrheit entspricht. Es gibt dann keine Authentizität mehr, sondern nur noch ein Schauspiel voller Heuchelei. Das kann, wie Sie sehen, jahrelang funktionieren, und leider kann man darin sogar richtig gut werden. Aber irgendwann weiß man nicht mehr, was wahr ist und was eingebildet – und schon gar nicht, wie man jemals aus diesem Lügengebilde herausfinden soll. Dabei liegt es doch auf der Hand: Sie müssen Ihrem Mann sagen, dass Sie ihn nicht mehr lieben, dass Sie seit zwei Jahren einen anderen lieben und dass Sie – falls das überhaupt stimmt – mit diesem Mann zusammenleben möchten. Natürlich wird das ein Riesendrama geben, aber dieses Drama steht seit langem im Raum, und es wurde von Ihnen hereingebracht. Sie waren bloß die ganze Zeit zu bequem und zu feige, Verantwortung dafür zu übernehmen. Seien Sie also ehrlich – wenigstens Ihrem Kind zuliebe, das nicht in einer derartigen Lüge und Distanziertheit aufwachsen darf. Es wird sich sonst später auch so verhalten.

»Mein Mann ist ein richtiger Miesepeter. Meine Tipps zur Verbesserung seiner Laune will er nicht hören. Was kann ich tun?«

Als Partner ist man grundsätzlich in einer beschissenen Lage: Was auch immer man seinem Gegenüber als Kritik vermittelt, und sei sie noch so gut gemeint und noch so schonend formuliert, wird meist sofort abgewertet und abgewiesen. Niemand will dumm dastehen; am allerwenigsten vor jenem Menschen, der einem am nächsten ist. Das ist nachvollziehbar, aber dennoch falscher Stolz – denn von wem kann man mehr lernen? Und was soll das für ein Leben sein, in dem es nichts mehr zu lernen gibt?

Das Problem besteht aber nicht darin, dass man einander hie und da einen Ratschlag erteilt, sondern vielmehr in der chronischen Beratschlagung. Dadurch macht sich der eine zum Therapeuten des anderen, und das darf in einer Beziehung nicht passieren. Weil es dann keine Beziehung mehr ist, sondern eine Klinik.

Durch Ihre Tipps erlebt Ihr Mann sich als fehlerhaft und somit nicht liebenswürdig. Dass er sich dagegen wehrt, ist logisch und auch berechtigt. Ebenso berechtigt ist aber Ihr Wunsch, nicht an der Seite eines Menschen leben zu müssen, der ständig mies drauf ist. Und die wesentliche Frage ist nicht, wie Sie das ändern können – sondern vielmehr, wie Sie damit umgehen, wenn es sich nicht ändert. Was leider am wahrscheinlichsten ist, da die meisten Menschen ihre Probleme nun einmal lieber leugnen als lösen.

Es gibt in jeder Beziehung Dinge, die man sich so nicht gewünscht hätte. Unter diesen Nachteilen gibt es aber solche, mit denen man gut leben kann, und solche, mit denen man eben nicht leben kann, und schlechte Laune gehört definitiv zu letzteren. Sie werden nicht umhinkommen, ein Ende Ihrer Ehe in Erwägung zu ziehen. Denn wie gesagt: Ihr Bedürfnis nach guter Stimmung ist mehr als legitim. Aber in einer Beziehung mit diesem Mann wohl einfach nicht zu befriedigen.

»Ich möchte mir eine Katze zulegen.
Eine Freundin meinte aber, Katzen
würden haufenweise Kleintiere töten.
Nun bin ich unsicher.«

Ihre Freundin hat recht. Katzen sind zwar ebenso faszinierende wie flauschige Lebensbegleiter, aber auch eiskalte Killer, denen in der Schweiz jedes Jahr mehr als zehn Millionen Wildtiere zum Opfer fallen: Mäuse, Eidechsen, Blindschleichen und vor allem Vögel. Deren Bestände sind ohnehin schon stark dezimiert, weil sie angesichts der von maßlosem Pestizideinsatz und Monokultur beherrschten Landwirtschaft auf den Feldern und Wiesen kaum noch Nahrung finden. Deswegen ziehen sie sich zusehends in die Städte zurück, wo sie in den Gärten und Parks waldähnliche Lebensbedingungen vorfinden. Allerdings auch eine Armee von lauernden Katzen: In Zürich sind es 600 Exemplare pro Quadratkilometer, die jedoch nicht von Hunger getrieben sind, den haben sie ja bereits zu Hause am Napf gestillt, sondern von purer Mordlust. Katzen jagen auch, wenn sie satt sind; der Instinkt ist ihnen auch nach Tausenden Jahren der Domestizierung noch immer angeboren. Für die Vögel, vor allem die frisch geschlüpften, sind sie dadurch eine größere Gefahr als sämtliche Fensterscheiben, Windräder und Pestizide zusammen.

In den USA sterben jährlich 3,7 Milliarden von ihnen durch die scharfen Krallen und Zähne der Hauskatze, außerdem 20 Milliarden kleine Säugetiere. Sie sollten sich also gut überlegen, ob Sie dieses Massaker unterstützen wollen. Für Sie ist es natürlich toll, ein putziges Pelztierchen auf dem Schoß zu haben, aber unzählige Amseln, Kohlmeisen und Spatzen und viele Kleintiere mehr werden deutlich weniger angenehme Begegnungen mit Ihrem Mitbewohner haben. Viele Katzenhalter blenden das gern aus oder schreiben es dem Lauf der Natur zu. Von der haben wir uns aber so weit entfernt, dass eine Neubeurteilung notwendig ist.

»Ich und mein Mann sind seit 15 Jahren zusammen. Ich hätte gern wieder mal einen neuen Sexpartner, aber er verbietet es mir.«

Wenn wir eine Beziehung eingehen, auferlegen wir unserem Partner eine ganze Reihe von Verpflichtungen. Die einen sind berechtigt, andere weniger. Zum Beispiel erwarten wir von ihm, dass er uns anständig behandelt. Vielleicht erwarten wir auch, dass er uns jederzeit glücklich macht. Und ziemlich sicher erwarten wir, dass er von nun an nie wieder einen anderen Menschen als attraktiv empfindet. Das Problem mit Erwartungen ist jedoch, dass sie üblicherweise nicht ausgesprochen werden – und außerdem nicht sonderlich genau geprüft. Oft ist uns nicht einmal bewusst, dass wir sie haben, und sie zeigen sich erst, wenn sie enttäuscht worden sind.

Womöglich haben Sie damals selbst gedacht, dass Ihr Partner Sie für den Rest Ihres Lebens sexuell interessieren wird, und das auch noch exklusiv. Aber wie alle, die länger in einer Beziehung gewesen sind, stellen Sie nun fest, dass die Sache nicht ganz so läuft, und tun das einzig Richtige: Sie nehmen Ihre Bedürfnisse ernst und reden mit Ihrem Partner darüber. Der aber tut exakt das Falsche: Er nimmt seine Enttäuschungsgefühle als Beleg, dass Sie sich falsch verhalten, und bestraft Sie. Noch kindischer kann man sich nicht benehmen. Noch menschlicher allerdings auch nicht. Es braucht enorme Größe und Reife, in einer solchen Situation nüchtern zu bleiben, anzuerkennen, dass man nach 15 Jahren seine Anziehungskraft weitgehend eingebüßt hat, und darüber hinaus der Partnerin beziehungsweise dem Partner die Freiheit zu gewähren, mit anderen intim zu sein. Es ist wohl eine der größten Herausforderungen für unser Ego. Allerdings wäre es auch ein Beweis von echter Liebe, denn Liebe will immer das Beste für den anderen, auch wenn es für einen selbst nicht unbedingt das Angenehmste ist. Das muss Ihrem Partner klar werden, wenn er an Ihrer Seite bleiben will.

»Ich (w, 36) flirte gern mit Männern. Ich meine das nie als Anmache, ich bin in einer Beziehung. Leider wird es aber oft missverstanden – und sogar als Untreue ausgelegt. Wo ist hier die Grenze?«

Eine interessante Frage! Ist allein die Absicht einer Mitteilung relevant – oder deren Wirkung? Ist eine Aussage nicht verletzend, wenn der Absender sie »lustig gemeint« hat – oder entscheidet der Empfänger darüber? Und in Ihrem Fall: Ist Ihr Flirt wirklich harmlos, nur weil Sie das so definiert haben?

Die Antwort finden Sie in den Reaktionen auf Ihr Verhalten, das allem Anschein nach mehrheitlich als sexuelle Einladung verstanden wird. Das ist aber nicht allein Ihnen anzulasten, sondern in erster Linie der verklemmten Deutschschweizer Paarungskultur. Bei uns gilt der Flirt nicht als absichtsloser, spielerischer Tanz, sondern als eine Art erotischer Eignungstest: Man muss, um zu Sex zu kommen, erst eine Weile lang möglichst charmant tun. Kein Wunder, missdeuten wir jedes Lächeln als Zeugnis schwerer Verliebtheit und ein Kompliment als immateriellen Griff in den Schritt. Wir wollen einfach nicht verstehen, dass man auch einfach so nett sein kann zueinander; es ist bei uns fast immer nur ein Mittel zum Zweck.

In der französischen Schweiz würden Sie bestimmt als lebensfrohe Frau wahrgenommen, hier aber gelten Sie als liebestolles Weib, das drauf und dran ist, seinen Partner loszuwerden. Und eigentlich hätten Sie das längst merken müssen: dass es keine Rolle spielt, wie Sie Ihr Verhalten gegenüber sich selbst und anderen deklarieren, sondern dass Letztere darin einen eklatanten Widerspruch zu Ihrem Beziehungsstatus sehen. Die Absenderin nennt es Flirt, die Empfänger aber nennen es Anmache – sind Sie sicher, dass Sie es wirklich nicht so meinen? Dass Sie den Effekt, den Sie erzielen, nicht insgeheim begrüßen? Sind Sie sicher, dass Sie noch in Ihrer Beziehung sind – oder schon mit einem Fuß draußen? So oder so empfiehlt sich ein ehrliches Gespräch mit Ihrem Partner.

»Ich (m, 34) habe eine kleine Tochter und lebe getrennt von der Mutter. Sie ändert ständig unsere Abmachungen für die Betreuung. Ich habe kaum noch ein Sozialleben, da ich im Gegensatz zu ihr 100 Prozent arbeite.«

Für Ihre Ex ist dieses Szenario natürlich phantastisch: Sie hat viel Freizeit, stets einen Babysitter auf Abruf und bekommt auch noch Geld von ihm. Doch der Fokus sollte nicht auf dem egoistischen Verhalten Ihrer Ex liegen, sondern auf Ihrem eigenen: Warum lassen Sie so mit sich umspringen? Warum ziehen Sie keine Grenzen? Kann es sein, dass sich hier eine Dynamik fortsetzt, die schon während Ihrer Beziehung geherrscht hat? Das ist nach Trennungen häufig der Fall, wenn man ein gemeinsames Kind und deshalb weiterhin miteinander zu tun hat: Das Drama geht genau gleich weiter, einfach an verschiedenen Adressen. Das Ende der Beziehung markiert dann mitnichten das Ende aller Probleme, sondern vielmehr den Beginn eines langwierigen Prozesses mit dem Ziel einer respektvollen, konstruktiven Elternschaft. Davon sind Sie beide offenbar noch weit entfernt: Ihre Ex nimmt keinerlei Rücksicht auf

Sie und lässt Sie damit vermutlich insgeheim für die Trennung büßen, während Sie einerseits Zeit mit Ihrem Kind verbringen, andererseits aber möglichst keinen Ärger wollen – und bereit sind, jeden Preis dafür zu bezahlen.

Machen Sie mit Ihrer Ex einen festen Betreuungsplan aus. Ihre freien Tage und Nächte sind dabei unantastbar, und das müssen Sie auch genau so durchsetzen – mit einem klaren Nein. Natürlich gibt es Notfälle, aber wenn Ihre Ex spontan Lust hat auszugehen, muss sie sich einen richtigen Babysitter suchen. Es ist gleich eine doppelte Erziehungsaufgabe, vor der Sie stehen: Ihre Ex muss Respekt lernen – und Sie die gebotene Härte. Auf ein Verbesserungswunder zu warten hilft nie. Am besten besprechen Sie das mit einem Mediator oder Coach. Zu zweit, aber auch allein. Denn vermutlich lassen Sie sich schon viel zu lange viel zu viel gefallen und verwechseln das mit Vernunft.

»Ich (w, 31) hatte zwei tolle Dates mit einem Mann, der mir sehr gefällt. Aber wir haben uns noch immer nicht geküsst. Lohnt es sich, ihn noch einmal zu treffen?«

Es ist bemerkenswert, dass man heutzutage glaubt, es stimme etwas nicht, wenn man nicht spätestens nach dem zweiten Date miteinander ins Bett geht. Wo steht geschrieben, dass eine Beziehung sofort mit Volldampf loszubrausen hat? Gewiss, diese Dinge geschehen heute ungezwungener als zu Großmutters Zeiten, wo man erst jahrelang sonntags spazieren ging und dann heiratete, bevor man sich überhaupt berührte. Aber indem man jedes Mal gleich drauflosvögelt, als gäbe es kein Morgen, bringt man sich um eine Reihe von wichtigen Einsichten: Wie fühle ich mich mit diesem Menschen? Was will ich von ihm? Was will er von mir? Was zieht mich an ihm genau an? Lasse ich mich auf ihn ein, weil es wirklich passt – oder weil sonst gerade niemand da ist?

Es ist überhaupt nichts einzuwenden gegen fröhliche One-Night-Stands und lockere Liaisons. Gegen Sex, der missbraucht wird, um einen geringen Selbstwert anzuheben, Ängste zu vertreiben oder sonst wie von sich abzulenken, ist jedoch eine Menge einzuwenden, denn Intimität hat immer Konsequenzen, was uns meist erst bewusst wird, wenn wir uns leer und beschmutzt fühlen. Im schlimmsten Fall fühlen wir uns irgendwann nur noch so.

Freuen Sie sich also an den zwei guten Dates, überlegen Sie, was Ihnen genau gefallen hat an diesem Mann, und nutzen Sie ein drittes Treffen, um die obigen Fragen gemeinsam zu erörtern. Sagen Sie: Du gefällst mir. Ich möchte mehr von dir. Was möchtest du von mir? Falls beide das Gleiche wollen, erfreuen Sie sich aneinander, egal für wie lange. Aber wenn Sie feststellen, dass Sie mehr wollen als er oder etwas ganz anderes – und das stellen Sie idealerweise möglichst bald fest –, werden Sie auch merken, dass es manchmal richtig ist, wenn man jemanden überhaupt nie küsst.

»Ich höre immer wieder, ich sei zu nett.
Ich finde, das ist gar nicht möglich.«

Nettigkeit wird leider gemeinhin als Schwäche betrachtet und entsprechend verhöhnt – nett sei die kleine Schwester von scheiße, heißt es. Kein Wunder, denn wir verwechseln Härte gern mit Stärke und Frechheit mit Selbstbewusstsein. Vor diesem Hintergrund gilt jemand, der nicht auf seinen Vorteil bedacht ist, sondern auf das Wohlergehen seines Gegenübers, der also eben ein netter Mensch ist, logischerweise als Trottel und sein gutmütiges Verhalten bald als »zu nett«. Was natürlich Quatsch ist. Man kann seinen Mitmenschen gar nicht zu viel Liebe und Güte entgegenbringen.

Was man ihnen aber entgegenbringen kann: zu viel Rücksicht, zu viel Nachsicht, zu viel Nachgiebigkeit, zu viel Verständnis für ihr Verhalten, das oft genug schlicht widerwärtig ist. Man kann sich selbst verraten, indem man nicht auf seine Bedürfnisse achtet, sondern sich nur mit den Konsequenzen beschäftigt, die erfolgen könnten, wenn man für sich einsteht. So gesehen gibt es durchaus ein »zu nett«, und alle, die einen darauf aufmerksam machen, haben recht.

Fragen Sie sich also nicht, ob Sie zu nett seien, sondern vielmehr, wo und warum Ihre Nettigkeit Ihnen zum Nachteil gereicht hat – und wie Sie das künftig vermeiden können. Wem haben Sie Vertrauen entgegengebracht, der oder die das gar nicht verdient hat? Wo haben Sie sich schlecht behandeln lassen, anstatt sich zurückzuziehen, und wie haben Sie es sich schöngeredet? Was glauben Sie der Welt schuldig zu sein und weshalb?

Seien Sie weiterhin nett. Es ist ohnehin Ihr Wesen, daran lässt sich nichts ändern. Aber schützen Sie es und halten Sie sich von Leuten fern, die Ihre Duldsamkeit nur als Einladung verstehen, sich Gemeinheiten zu erlauben.

»Ich (m, 31) wohne mit meiner Freundin zusammen. Die Haushaltsführung sorgt immer wieder für hitzige Diskussionen. Haben Sie einen Tipp für uns?«

Ja: Setzen Sie sich hin, mit Stift und Papier, und erstellen Sie eine Liste mit den Pflichten, die in Ihrem Haushalt so anfallen, und verteilen Sie diese danach, wem was leichtfällt. Wer gern kocht, der kocht eben für beide. Wem das Wäschewaschen nichts ausmacht, der wäscht eben für beide. Und bei den Aufgaben, die keine:r so recht mag, gibt es einen Turnus: in der einen Woche erledigen Sie es, in der nächsten Ihre Partnerin. Halten Sie alles genau fest und hängen Sie den Plan auf. So, dass ihn auch Ihre Gäste erblicken. Dann sehen die nämlich, wie man es richtig macht.

Das ist natürlich alles total unromantisch, aber das soll es auch, denn Romantik ist nicht alltagstauglich. Viele Paare machen den Fehler, allein aus der Tatsache, dass sie ein Paar sind, abzuleiten, dass ihr Zusammensein auf jeder Ebene erfolgreich wird, ohne jegliches Zutun. Aber Zusammensein erfordert Auseinandersetzung, auch und gerade mit unangenehmen, lästigen oder vermeintlich banalen Aspekten wie Hausarbeit. Redet man nicht darüber, entstehen diffuse Erwartungen und Ungroßzügigkeit. Dann dauert es nicht lange, und man sagt die fatalen Sätze, die »ich mache immer, du machst nie« enthalten und die Beziehung in einen Stellungskrieg verwandeln.

Dabei ist das problemlos vermeidlich – man braucht sich lediglich vom naiven Glauben zu verabschieden, dass sich die Dinge von allein regeln. Sozusagen alles, was sich zwischen Menschen abspielt, erfordert das kreative Ausgestalten von Kompromissen, bei denen beide auf ihre Kosten kommen. Und darum sollte es ja gehen: dass die Beziehung beiden zur Freude gereicht. Dass man sich also nicht nur für sich einsetzt, sondern auch füreinander. Auf diesem gemeinsamen Flecken wächst die Liebe.

»Ich (m, 28) habe Probleme in meiner Beziehung – und eine andere Frau kennengelernt. Wie finde ich heraus, für wen ich mich entscheiden soll?«

Sie müssen verstehen, dass »andere Frau kennengelernt« nur die logische Konsequenz ist von »Beziehungsproblemen«. Wäre alles in Ordnung bei Ihnen, wären Sie gar nicht offen für neue Bekanntschaften – oder würden diesen zumindest nicht so weit nachgehen, dass am Ende von einer »anderen Frau« die Rede ist. Umgekehrt führen Beziehungsprobleme zwingend zu neuen Bekanntschaften, und zwar aus zwei Gründen: Erstens schaffen sie Distanz und zweitens Verdruss. Wenn man sich mit dem Partner nicht versteht, ist man ihm fern, und das macht verzweifelt und traurig. Es braucht in der Folge nicht viel, bis man sich anderen Menschen nahe fühlt – weil man das ja dann auch ziemlich bewusst sucht.

Was Sie auch verstehen müssen: Es geht für Sie an diesem Punkt nicht darum, sich zwischen zwei Frauen zu entscheiden. Sondern sich folgende Fragen zu stellen: 1. Was fehlt mir in meiner Beziehung? 2. Warum? Was habe ich selbst dazu beigetragen? 3. Was kann ich tun, um das Fehlende doch noch zu finden? 4. Sehe ich meine Partnerin (und überhaupt jede Frau) als Lieferantin für gute Gefühle an – oder eben als Partnerin? Was erwarte ich genau von ihr? 5. Warum habe ich mich mit jemandem eingelassen, der nicht wirklich zu mir passt? Wo habe ich mir etwas vorgemacht? 6. Was kann ich unternehmen, um künftig von solchen Enttäuschungen verschont zu bleiben?

Nun einfach eine neue Beziehung einzugehen, wäre die billigste Antwort auf all diese Fragen. Sie hätten sich dann in keiner Weise mit sich selbst auseinandergesetzt und stünden schon bald vor den gleichen Problemen. Die Beziehung, die Sie nun führen sollten, ist daher vor allem jene zu Ihnen selbst. Auch aus Respekt dieser anderen Frau gegenüber.

»Mein Partner (57) ist vermögend, kleidet sich aber sehr nachlässig. Meine Hinweise ändern nichts. Was kann ich tun?«

Kommunikation ist etwas Bemerkenswertes. Sie durchwirkt unseren Alltag nahezu vollständig: Firmen kommunizieren über Werbung mit uns; im Beruf kommunizieren wir mit Mitarbeitern und Kunden, und privat kommunizieren wir ohnehin pausenlos – erst recht seit der massenhaften Verbreitung von Smartphones. Doch die Art, wie wir das tun, ist meist nicht von Aufrichtigkeit, Klarheit und Respekt geprägt. Stattdessen wählen wir die absurdesten und manipulativsten Umwege, um uns einander verständlich zu machen, hören nicht richtig zu (was ein wesentlicher Bestandteil von Kommunikation wäre) oder verlegen uns gleich komplett auf Nebensächlichkeiten, um zu vermeiden, dass die relevanten, schmerzlichen Punkte überhaupt je berührt werden.

Die sogenannten Hinweise gehören – nebst den nicht minder beliebten Vorwürfen – ebenfalls zur Manipulation. Sie möchten, dass Ihr Partner sich eleganter kleidet – aber haben Sie das je so offen gesagt? Und erklärt, warum Ihnen das wichtig ist? Oder haben Sie ihn dafür verspottet, dass er wieder seinen ewig gleichen alten Pullover trägt? Hohn ist leider eine häufige Form von Kommunikation: Wir finden etwas nicht gut, also machen wir es schlecht. Anstatt uns zu überlegen, wie wir uns konstruktiv ausdrücken könnten – und uns zu vergewissern, ob es überhaupt sinnvoll und erwünscht ist, dass wir unsere Meinung anbringen.

»Darf ich etwas zu deiner Kleidung sagen?« wäre ein guter Auftakt, den kaum jemand abweisen wird. Danach sprechen Sie idealerweise von sich; darüber, was Ihnen bezüglich Herrengarderobe gefällt, und warum Sie sich wünschen, dass Ihr Partner seine wieder mal auffrischt. Beispielsweise, weil Sie sich dadurch von ihm mehr respektiert fühlen würden. Wenn das nichts hilft, hilft alles nichts. Dann bleibt Ihnen nur die Akzeptanz.

»Ich (m, 45) habe mich vor einem Jahr von der Mutter meiner Kinder getrennt. Nun habe ich eine neue Frau kennengelernt. Meiner Ex habe ich noch nichts erzählt, ich fürchte ihre Reaktion.«

Es sieht ganz so aus, als hätten Sie hier ein paar Trennlinien – oder wohl besser: Trennungslinien – noch nicht komplett gezogen. Solange Sie Skrupel hegen, weil Sie Gefühle für eine andere Frau entwickelt haben, ist Ihre alte Beziehung nicht abgeschlossen, und dann sind Sie für eine neue noch nicht mal halb offen. Die Frage ist nun: Warum haben Sie ein schlechtes Gewissen? Gibt es in Ihnen eine Stimme, die Sie einen Versager nennt, weil Ihre letzte Beziehung zerbrochen ist? Und ist ein Mann, der sich von der Mutter seiner Kinder trennt, in Ihren Augen ein Charakterlump?

So lauten zumindest die gängigen gesellschaftlichen Glaubenssätze, und diese übernimmt man insofern, als sie die moralische Realität bilden, die einen umgibt – auch wenn man sie persönlich für das hält, was sie sind, nämlich ausgemachter Unsinn. Vielleicht gibt es aber auch irgendwo einen kleinen Teufel in Ihrem Kopf, der Ihnen einredet, Sie hätten kein Glück verdient, weil Sie nichts wert seien.

Setzen Sie sich also hin und horchen Sie genau in sich hinein. Vielleicht hilft Ihnen auch eine Fachperson dabei, aber Sie sollten auf jeden Fall herausfinden, warum Sie vor der Ehrlichkeit zurückschrecken. Sie haben sich neu verliebt, und wenn Sie das nun als Problem wahrnehmen, hatten Sie vorher schon eines, und zwar mit sich selbst. Natürlich ist es immer möglich, dass aus einer neuen Bekanntschaft nichts wird. Der Wunsch, Ihrer Ex gegenüber offen zu sein, sollte aber kein manipulatives Instrument sein, um Klarheit zu finden bezüglich der anderen Frau, sondern Ihnen selbst gelten. Sie sollten, ob sie nun Ihre neue Freundin wird oder nicht, sich freuen und dazu stehen. Wie auch dazu, dass Sie nicht mehr mit Ihrer Ex zusammen sein wollten. Man muss grundsätzlich zu dem stehen, was in einem ist. Alles andere ist Heuchelei.

»Ich mag mich nicht.«

Sie sind nicht allein damit: Überraschend viele Menschen sehen nichts Gutes an sich und haben eine geradezu feindselige Haltung gegenüber sich selbst. Den meisten ist das allerdings noch nicht einmal bewusst, so tief verankert ist ihre Selbstablehnung. Gratulation also zu Ihrem Mut, Ihr Problem zu erkennen und klar zu benennen!

Helfen wird Ihnen das allerdings vorerst leider nicht. Vielmehr werden Sie sich, weil Sie sich ja ablehnen, auch dafür ablehnen, dass Sie sich ablehnen. Und sich dadurch gleich noch schlechter fühlen. Besser werden wird es erst, wenn Sie sich ganz annehmen, wie Sie sind – also auch mit der Eigenschaft, dass Sie üblicherweise genau das Gegenteil tun.

Eine höchst paradoxe Herausforderung! Sie wird Ihnen jedoch gelingen, indem Sie sich zunächst explizit erlauben, sich selbst nicht zu mögen. Registrieren Sie ein paar Tage lang einfach, wie Sie sich verurteilen und abwerten – aber ohne sich dafür zu verurteilen und abzuwerten. Erlauben Sie sich, das auch weiterhin zu tun, und fangen Sie dann an, den Abwertungen zum Ausgleich nette Dinge entgegenzusetzen: Suchen Sie Dinge, die Sie gut können, die schön sind an Ihnen und für die man Sie einfach mögen muss. Sprechen Sie sie laut aus. Irgendwann werden Sie Ihre alte, destruktive Software durch eine neue, konstruktive ersetzt haben.

Für die aktuelle Software können Sie übrigens nichts. Ihre Eltern haben Sie so programmiert. Sie haben Ihnen – mit welchen Worten und Taten auch immer – eingeredet, Sie würden alles falsch machen, seien dumm und nicht liebenswert. Und da Kinder ihren Eltern jedes Wort glauben, haben Sie diese Sichtweise leider verinnerlicht. Trauen Sie sich, sie abzulegen und gegen eine neue, freundschaftliche zu tauschen. Es steht Ihnen zu, sich zu mögen!

Wo drückt der Schuh?
Themenregister

ARBEIT

»Mein Job belastet mich sehr. Aber ich bin Familienvater und verdiene sehr gut.« — 9

»Eine Arbeitskollegin von mir verwendet sprachlich ständig geschlechtsneutrale Formulierungen. Mich stört es, aber sie findet, nur so werde Gleichberechtigung erreicht.« — 43

»In meiner Firma gibt es diverse Missstände. Aber seit ich darauf aufmerksam mache, werde ich richtiggehend gemobbt.« — 113

»Ich bin selbständige Fotografin. Warum fühle ich mich beruflich trotzdem nicht angekommen und bin nie ganz zufrieden?« — 149

»Ich (w, 37) finde zwischen Job, Kind und Haushalt nie Zeit für mich und bin immer leicht gereizt.« — 191

»Ich (m, 34) habe eine kleine Tochter und lebe getrennt von der Mutter. Sie ändert ständig unsere Abmachungen für die Betreuung. Ich habe kaum noch ein Sozialleben, da ich im Gegensatz zu ihr 100 Prozent arbeite.« — 259

BEZIEHUNGSLEBEN

»Ich (w, 41) hatte eine sehr schwierige Kindheit. Es belastet mich bis heute, vor allem in Beziehungen. Was kann ich dagegen tun?« 13

»Viele Ehen starten glücklich, scheitern aber bald. Sollte man nicht das Prinzip aus der Großelternzeit walten lassen – ›Prüfe, wer sich ewig bindet‹?« 17

»Meine Freundin und ich (m, 33) sind uns nie einig, wo und wie wir unsere Ferien verbringen sollen. Die Kompromisse machen immer einen von beiden unglücklich.« 23

»Eine Freundin von mir (w, 29) will seit zwei Jahren Schluss machen, sagt aber immer, sie traue sich nicht, und der ›Aufwand‹ sei zu groß, wegen der Wohnung und des gemeinsamen Umfelds. Ich kenne ihren Freund auch und habe schon fast ein schlechtes Gewissen ihm gegenüber.« 33

»Meine Partnerin will viel mehr Sex als ich (m, 39). Mittlerweile ist das Thema sehr streitbehaftet.« 35

»Mein Mann schnarcht sehr laut. Ich halte es kaum mehr aus. Er meint nur, das sei eben so.« 51

»Meine Frau redet nur oberflächlich mit mir (m, 47). Wie ihr Tag im Büro war und so weiter. Wie bringe ich sie dazu, mehr von sich zu erzählen?« 57

»Mein Freund will jeden Tag Sex. Er wird sehr wütend, wenn ich (w, 27) mal keine Lust habe.« 75

»Mein Mann arbeitet viel, geht abends mit seinen Kumpels saufen und kommt oft erst nach Mitternacht heim. Ich (w, 52) habe nichts von ihm.« 79

»Mein neuer Freund furzt ständig. Nicht vor anderen Leuten, aber wenn wir zu zweit zu Hause sind. Ich finde das eklig. Er meint, das sei doch nur natürlich und lustig. Und er fühle sich halt wohl mit mir. Was soll ich tun?« 93

»Meine Frau ist seit Jahren sehr unzufrieden mit mir als Partner. Sie macht mir ständig Vorwürfe. Manche scheinen mir jedoch durchaus berechtigt. Lohnt es sich, daran zu arbeiten?« 103

»Ich (w, 28) bin in einer Beziehung und habe angefangen, per WhatsApp mit einem anderen Mann zu flirten. Eine Freundin meint, ich sei bereits untreu. Ich finde, solange nicht mehr passiert, stimmt das nicht.« 111

»Ich (m, 31) habe meiner Freundin gesagt, dass mir hin und wieder auch Männer gefallen. Nun hält sie mich für schwul und verspottet mich.« 115

»Mein Mann (58) hat diverse körperliche Beschwerden. Aber er will nicht zum Arzt gehen und akzeptiert auch keine Naturheilmittel. Was kann ich tun?« 119

»Mein Freund hat nach zwei Jahren eine offene Beziehung vorgeschlagen. Ich will das nicht. Was raten Sie uns?« 123

»Ich (w, 32) frage mich nach diversen Enttäuschungen: Wie gelingt eine Beziehung?« 135

»Ich mag den achtjährigen Sohn meiner neuen Partnerin nicht. Braucht das einfach noch Zeit? Oder was kann ich in einer solchen Situation tun?« 141

»Wie merke ich (m, 38), wann der Moment gekommen ist, meinen Partner zu verlassen?« 143

»Mein Mann redet nicht. Kaum wird es persönlich, wird er zu einem Stein. Wie bringe ich es ihm bei?« 159

»Wie bringen wir, seit 15 Jahren verheiratet, frischen Wind in unsere Beziehung?« 165

»Der Sex zwischen mir (w, 28) und meinem Freund ist ziemlich öde. Er hat einfach keine Ahnung, was er mit meinem Körper anstellen soll.« 171

»Ich (m, 52) habe seit acht Jahren eine Geliebte, der ich immer wieder versprochen hatte, mich von meiner Frau scheiden zu lassen. Nun will ich mich aber stattdessen von ihr trennen. Wie mache ich das am besten?« 187

»Mein Partner lässt immer seine Socken herumliegen. Seit Jahren räume ich sie für ihn weg.« 197

»Mein Freund und ich (w, 33) haben eine anstrengende On-off-Beziehung, wir haben uns schon viermal getrennt. Was raten Sie uns?« 205

»Warum sind wir in Liebesbeziehungen oft unehrlich miteinander? Wäre nicht genau da Ehrlichkeit am meisten angezeigt?« 207

»Meine Frau hat in den letzten zwei Jahren fast 15 Kilo zugenommen. Darf ich (m, 42) von ihr verlangen, dass sie wieder abnimmt?« 213

»Mein Freund und ich (w, 31) sind seit vier Jahren zusammen. Seit zwei Jahren rührt er mich nicht

mehr an. Als ich ihn darauf ansprach, meinte er,
er sei halt so. Was raten Sie mir?« 219
»Mein Mann hat das Gefühl, Gleichberechtigung
sei Frauensache. Wieso kämpfen Männer nicht
auch dafür?« 225
»Mein Partner schenkt mir (w, 29) immer wieder
Reizwäsche und bittet mich, sie für ihn zu tragen.
Ich weigere mich, weil ich es sexistisch finde. Er
kann das überhaupt nicht verstehen und ist jedes
Mal beleidigt. Wie mache ich es ihm klar?« 227
»Ich bin sehr strukturiert, mein Mann ist ziemlich
chaotisch. Wir geraten immer wieder aneinander.« 233
»Wieso spürt mein Freund nicht, was ich (w, 38)
brauche? Ich muss ihn ständig darauf hinweisen.« 241
»Mein Freund führt ein Restaurant. Ich (w, 27) sehe
ihn nur wenig, am Wochenende können wir nie
etwas zusammen unternehmen, worunter ich
sehr leide. Wir lieben einander aber sehr. Was
soll ich tun?« 245
»Seit dem Corona-Lockdown sind ich und mein
Partner, der positiv getestet wurde, allein zu
Hause. Wir schweigen uns nur an. Ich (w, 38)
habe ihm eine WhatsApp-Nachricht geschrieben,
dass wir mal reden sollten, aber er antwortet
nicht.« 247
»Mein Mann ist ein richtiger Miesepeter. Meine
Tipps zur Verbesserung seiner Laune will er
nicht hören. Was kann ich tun?« 251
»Ich (m, 31) wohne mit meiner Freundin
zusammen. Die Haushaltsführung sorgt immer

wieder für hitzige Diskussionen. Haben Sie
einen Tipp für uns?«   265
»Mein Partner (57) ist vermögend, kleidet sich aber
sehr nachlässig. Meine Hinweise ändern nichts.
Was kann ich tun?«   269

FAMILIE

»Mein Job belastet mich sehr. Aber ich bin Familienvater und verdiene sehr gut.«   9
»Ich (w, 41) hatte eine sehr schwierige Kindheit.
Es belastet mich bis heute, vor allem in Beziehungen. Was kann ich dagegen tun?«   13
»Viele Ehen starten glücklich, scheitern aber bald.
Sollte man nicht das Prinzip aus der Großelternzeit walten lassen – ›Prüfe, wer sich ewig
bindet‹?«   17
»Mein 18-jähriger Sohn lehnt mich (w, 48) richtiggehend ab. Dabei möchte ich einfach nur gut mit
ihm auskommen. Was kann ich tun?«   21
»Meine Eltern (86 und 89) wollen nicht ins Altersheim. Es wäre aber höchste Zeit. Wie gehe ich
vor?«   27
»Meine 16-jährige Tochter hat keine Ahnung, was
sie später machen will. Sie interessiert sich nur
für Rap und Street Art.«   41
»Mein Ex-Partner distanziert sich mehr und mehr
von unseren beiden kleinen Kindern. Was kann
ich tun?«   53

»Meine Mutter ist ein schwieriger, respektloser Mensch. Eigentlich möchte ich (w, 52) nichts mit ihr zu tun haben. Allerdings hat sie niemanden mehr außer mir.« 55

»An Weihnachten gab es bei uns wieder mal einen Haufen einfallsloser Geschenke. Wie finden wir bessere?« 101

»Meine Mutter ist gestorben. Ich (w, 59) erlebe es als Befreiung. Muss ich mich dafür schämen?« 151

»Meine Eltern machen ständig verletzende Kommentare über meine vegane Ernährungsweise, meine Kinderlosigkeit und meine neue Ausbildung. Protestiere ich, sagen sie, es sei nur Spaß. Was kann ich (w, 41) tun?« 189

»Ich (w, 34) habe mich von meinem Freund getrennt. Meine Mutter, die sich gut mit ihm verstanden hat, wurde total wütend, ließ meine Beweggründe nicht gelten und meinte, ich solle am besten nie wieder eine Beziehung eingehen. Mittlerweile hat sie sich wieder beruhigt, aber ich bin total schockiert.« 217

»Ich (w, 34) bin Vegetarierin. Jedes Jahr gibt es Streit, weil meine Familie beim Weihnachtsessen nicht auf Fleisch verzichten will. Am Ende esse ich die Beilagen.« 223

FREUNDSCHAFT

»Ein Freund hat sich während der Corona-Krise in einen Verschwörungsgläubigen verwandelt und redet nur noch von Bill Gates, der die Menschheit versklaven wolle.«   19

»Ein alter Bekannter von mir, ein selbständiger Grafiker, hat schwere finanzielle und gesundheitliche Probleme. Ich unterstütze ihn immer wieder, weil er sich weigert, zum Sozialdienst zu gehen. Er will es unbedingt selber schaffen. Was kann ich tun, damit er sich helfen lässt?«   31

»Eine Freundin von mir (w, 29) will seit zwei Jahren Schluss machen, sagt aber immer, sie traue sich nicht, und der ›Aufwand‹ sei zu groß, wegen der Wohnung und des gemeinsamen Umfelds. Ich kenne ihren Freund auch und habe schon fast ein schlechtes Gewissen ihm gegenüber.«   33

»Meine beste Freundin hat sich umgebracht. Sie hat es nicht angekündigt und keine Erklärung hinterlassen. Ich bin stinkwütend auf sie. Ist das egoistisch?«   37

»Meine beste Freundin konsumiert gern Koks, wenn sie ausgeht. Ich warne sie immer wieder vor dem Suchtrisiko, aber sie lacht mich nur aus und meint, es würden doch alle koksen.«   49

»Mein bester Freund hat mich gefragt, ob ich (m, 32) Pate seiner Tochter werden will. Ich

zögere, weil ich seine ständig schlecht gelaunte
Partnerin nicht ausstehen kann.« 59
»Ich lebe neuerdings vegan. Meine fleischessenden
Freunde verspotten mich bei jedem Treffen. Ich
muss mich ständig verteidigen.« 73
»Die Frau meines besten Freundes hat seit einem
Jahr eine Affäre. Er hat sie erwischt, und sie hat
ihm alles gestanden. Sie wollen aber zusammenbleiben. Ich (w, 33) finde die Frau nun total
bescheuert und will sie nicht mehr sehen. Darf
ich Treffen, bei denen sie dabei ist, künftig absagen?« 91
»Mein bester Freund wird, wenn wir eine
Meinungsverschiedenheit haben, richtig unangenehm. Sonst haben wir es immer super. Aber
wehe, ich sehe mal etwas anders als er. Dann
reagiert er, als hätte ich ihn beleidigt.« 107
»Ich (w, 29) habe mich von meinem Freund
getrennt und bin nun mit einem anderen Mann
zusammen. Meiner Frauenclique passt das nicht,
einige lästern sogar bei meinem Ex über meinen
neuen Partner. Wie wehre ich mich dagegen?« 131
»Ein Freund will nach dem dritten Kind unbedingt
noch ein viertes. Darf ich ihm sagen, dass es
egoistisch ist, mehr als zwei Kinder zu haben?« 137
»Ich (m, 36) hatte einige Male ziemlich Pech mit
Frauen. Nun habe ich eine kennengelernt, mit
der es toll läuft – aber meine Freunde winken alle
nur noch ab.« 163
»Ich (m, 30) kann mich mit immer weniger Menschen identifizieren. Ich habe kaum noch Freunde.« 177

»Ich (w, 38) kenne meine beste Freundin seit dem
Gymnasium. Aber wir haben uns eigentlich
nichts mehr zu sagen. Ist das ein Grund, die
Freundschaft zu beenden?« 181

»Eine neue Bekannte von mir (w, 43) ist Anhängerin des Krishna-Glaubens. Bei jedem Treffen
versucht sie zu missionieren. Wie kann ich sie
weiterhin treffen, ohne dass es zu Reibereien
kommt?« 193

»Muss ich eine über 20-jährige Freundschaft
beenden, weil wir einander mittlerweile politisch
und ideologisch völlig widersprechen?« 209

GESELLSCHAFT

»Ich (m, 42) habe sehr hohe Ansprüche an mich
und meine Umwelt. Wie schaffe ich es, großzügiger zu werden?« 15

»Ein Freund hat sich während der Corona-Krise in
einen Verschwörungsgläubigen verwandelt und
redet nur noch von Bill Gates, der die Menschheit versklaven wolle.« 19

»Meine Eltern (86 und 89) wollen nicht ins Altersheim. Es wäre aber höchste Zeit. Wie gehe ich
vor?« 27

»Ich (m, 33) habe beim Online-Dating immer
wieder Matches, aber nach der ersten Nachricht
werde ich ignoriert oder gleich gelöscht.
Warum?« 29

»Meine 16-jährige Tochter hat keine Ahnung, was
sie später machen will. Sie interessiert sich nur
für Rap und Street Art.« 41
»Eine Arbeitskollegin von mir verwendet sprach‑
lich ständig geschlechtsneutrale Formulierungen.
Mich stört es, aber sie findet, nur so werde
Gleichberechtigung erreicht.« 43
»Wieso bloß gilt in der Schweiz das Mittelmaß als
Ideal?« 45
»Meine beste Freundin konsumiert gern Koks,
wenn sie ausgeht. Ich warne sie immer wieder
vor dem Suchtrisiko, aber sie lacht mich nur aus
und meint, es würden doch alle koksen.« 49
»Ich will meine Organe nicht spenden. Das ist
irrational, aber bin ich deswegen ein schlechter
Mensch?« 63
»Wieso lernen die Juden nichts aus ihrer eigenen
Geschichte? Sie machen mit den Palästinensern
das Gleiche, was die Nazis mit ihnen gemacht
haben.« 69
»Ich sitze im ICE der Deutschen Bahn und habe,
wie immer, Verspätung. Zudem funktioniert
das WLAN nicht. Wie schaffe ich es, mich nicht
aufzuregen?« 77
»Ich (w, 28) arbeite im Verkauf. Immer wieder
machen mich Kunden aufgrund meines Namens‑
schildes bei Facebook ausfindig und schreiben
mir, oft mehrmals, obwohl ich nie reagiere.« 83
»Kürzlich fragte mich jemand nach meinen
Hobbys. Da merkte ich: Ich habe gar keines.« 85

»Wieso halten sich so viele Radfahrer:innen nicht
an die Verkehrsregeln und werden auch noch
frech, wenn man sie zurechtweist?« 87
»Ich habe eine 20-jährige Tochter aus einer Beziehung mit einer dunkelhäutigen Frau. In letzter
Zeit wird sie massiv diskriminiert; man drängt
sich in Warteschlangen vor und sagt, sie habe
zu warten, wechselt im Bus den Platz, wenn sie
sich setzt, und ruft ihr auf der Straße zu, sie solle
zurück in den Dschungel. Was ist los mit den
Menschen?« 89
»Mich nervt die ewige Corona-Panikmache. Ich
kenne niemanden, der gestorben ist.« 99
»An Weihnachten gab es bei uns wieder mal einen
Haufen einfallsloser Geschenke. Wie finden wir
bessere?« 101
»Wieso sind die Menschen so egoistisch geworden?« 105
»In meiner Firma gibt es diverse Missstände. Aber
seit ich darauf aufmerksam mache, werde ich
richtiggehend gemobbt.« 113
»Ich habe kürzlich eine Frau im Zug gebeten, die
Füße vom Sitz zu nehmen. Sie hat mich nur
angepöbelt.« 117
»Bei einem Abendessen neulich betonte die Gast-
geberin mehrfach, wie zurückhaltend und
schüchtern sie sei – dominierte aber den ganzen
Abend das Gespräch. Wieso haben manche
Leute so eine verquere Selbstwahrnehmung?« 121
»Ich bin Deutsche und lebe schon seit zwölf Jahren
in der Schweiz. Dennoch schaffe ich es nicht,

mich mit der verklemmten Hintenrum-Kultur
hier anzufreunden.« 129

»Ein Freund will nach dem dritten Kind unbedingt
noch ein viertes. Darf ich ihm sagen, dass es
egoistisch ist, mehr als zwei Kinder zu haben?« 137

»Ich habe extreme Angst vor dem Klimakollaps.
Was kann ich dagegen tun?« 147

»Wieso darf ich nicht mehr ›Mohrenkopf‹ sagen? Es
ist doch nur ein Wort, niemand meint das böse.« 161

»Wieso lernen wir nichts aus der Geschichte? Mir
scheint, es wiederhole sich immer nur alles.« 167

»Ich habe im Freundeskreis gesagt, dass Geflüchtete ein schlechtes Frauenbild hätten. Seither
gelte ich als Nazi.« 169

»Überall ist zu lesen, dass während des Lockdowns
Frauen stärker unter häuslicher Gewalt leiden
würden. Warum wird in diesem Zusammenhang
nie von männlichen Opfern gesprochen?« 175

»Ich kaufe immer bio ein, esse wenig Fleisch und
trenne meinen Abfall. Eine Freundin meinte,
solange ich weiterhin Städtetrips mache, könne
ich mir das alles sparen. Stimmt das?« 183

»Wenn Mütter über das Stillen reden und entzückt
erzählen, wie ihr Kind auch mit fast zwei Jahren
nach der Brust verlange, denke ich (w, 36,
kinderlos): Ihr wollt das doch so, ihr manipulativen Freaks. Liege ich falsch?« 185

»Ich bestelle ständig etwas online. Oft brauche
ich es gar nicht wirklich. Wie kann ich diese
Gewohnheit ändern?« 199

»Wenn ich ins Kino oder Theater gehe, gibt es immer
ein paar Leute, die schwatzen und alles kommen-
tieren. Weise ich sie zurecht, sind sie beleidigt.«   203
»Mein Mann hat das Gefühl, Gleichberechtigung
sei Frauensache. Wieso kämpfen Männer nicht
auch dafür?«   225
»Die Corona-Maßnahmen sind völlig übertrieben.
Wir leben in einer Diktatur!«   229
»Darf man heute noch in den Puff?«   235
»Warum sind so viele Frauen so kindisch? Ich
(m, 48) habe oft den Eindruck, von lauter
Prinzessinnen umgeben zu sein.«   239
»Ich möchte mir eine Katze zulegen. Eine Freundin
meinte aber, Katzen würden haufenweise
Kleintiere töten. Nun bin ich unsicher.«   253

GESUNDHEIT UND SEELENHEIL

»Ich (w, 41) hatte eine sehr schwierige Kindheit.
Es belastet mich bis heute, vor allem in Beziehungen. Was kann ich dagegen tun?«   13
»Ich (m, 42) habe sehr hohe Ansprüche an mich
und meine Umwelt. Wie schaffe ich es, großzügiger zu werden?«   15
»Mein 18-jähriger Sohn lehnt mich (w, 48) richtiggehend ab. Dabei möchte ich einfach nur gut mit
ihm auskommen. Was kann ich tun?«   21
»Ein alter Bekannter von mir, ein selbständiger
Grafiker, hat schwere finanzielle und gesund-

heitliche Probleme. Ich unterstütze ihn immer
wieder, weil er sich weigert, zum Sozialdienst
zu gehen. Er will es unbedingt selber schaffen.
Was kann ich tun, damit er sich helfen lässt?« 31
»Ich (w, 31) will ein Kind, aber keinen Mann dazu,
höchstens zur Zeugung. Meine Freunde finden
mich egoistisch.« 39
»Ich (w, 40) gerate immer wieder an den gleichen
Typ Mann: groß, gutaussehend und total unzuverlässig. Am Ende stehe ich immer abgesägt da.
Wie kann ich diesen Kreis durchbrechen?« 47
»Meine beste Freundin konsumiert gern Koks,
wenn sie ausgeht. Ich warne sie immer wieder
vor dem Suchtrisiko, aber sie lacht mich nur aus
und meint, es würden doch alle koksen.« 49
»Meine Mutter ist ein schwieriger, respektloser
Mensch. Eigentlich möchte ich (w, 52) nichts mit
ihr zu tun haben. Allerdings hat sie niemanden
mehr außer mir.« 55
»Ich will meine Organe nicht spenden. Das ist
irrational, aber bin ich deswegen ein schlechter
Mensch?« 63
»Ich sitze im ICE der Deutschen Bahn und habe,
wie immer, Verspätung. Zudem funktioniert
das WLAN nicht. Wie schaffe ich es, mich nicht
aufzuregen?« 77
»Ich wiege viel zu viel. Was muss ich tun, um abzunehmen? Sport liegt mir nicht.« 81
»Kürzlich fragte mich jemand nach meinen
Hobbys. Da merkte ich: Ich habe gar keines.« 85

»Mich nervt die ewige Corona-Panikmache. Ich
kenne niemanden, der gestorben ist.« 99

»Ich habe einen ziemlich ungesunden Lebensstil –
ich rauche und trinke sehr viel. Ein Freund fragte
mich nach dem Grund dafür, aber ich konnte
keinen nennen.« 109

»Mein Mann (58) hat diverse körperliche
Beschwerden. Aber er will nicht zum Arzt
gehen und akzeptiert auch keine Naturheilmittel.
Was kann ich tun?« 119

»Vor einem halben Jahr ist mein Hund gestorben.
Er war mir 14 Jahre lang ein treuer Begleiter.
Warum wird meine Trauer nicht weniger?« 133

»Ich (w) bin bald 40 und schaffe es nicht, nach
einem Glas Wein ›genug‹ zu sagen. Viele meiner
Freunde auch nicht. Langsam habe ich den
Alkohol aber satt. Was für eine Rausch-Alternative empfehlen Sie?« 139

»Ich habe extreme Angst vor dem Klimakollaps.
Was kann ich dagegen tun?« 147

»In welchem Fall ist es gerechtfertigt, von
jemandem die Nummer zu blockieren? Ist es
nicht grundsätzlich trotzig?« 155

»Ich (m, 30) kann mich mit immer weniger
Menschen identifizieren. Ich habe kaum noch
Freunde.« 177

»Ich (w, 44) habe vor zwei Jahren meine Partnerin
durch einen Unfall verloren. Nun habe ich jemanden kennengelernt, mich aber wieder zurückgezogen. Dabei mag ich diese neue Frau sehr.« 179

»Meine Eltern machen ständig verletzende
Kommentare über meine vegane Ernährungs-
weise, meine Kinderlosigkeit und meine neue
Ausbildung. Protestiere ich, sagen sie, es sei nur
Spaß. Was kann ich (w, 41) tun?« 189
»Ich (w, 37) finde zwischen Job, Kind und Haushalt
nie Zeit für mich und bin immer leicht gereizt.« 191
»Die Corona-Maßnahmen sind völlig übertrieben.
Wir leben in einer Diktatur!« 229
»Ich mag mich nicht.« 273

KINDER

»Mein 18-jähriger Sohn lehnt mich (w, 48) richtiggehend ab. Dabei möchte ich einfach nur gut mit
ihm auskommen. Was kann ich tun?« 21
»Ich (m, 43) bin seit einem Jahr getrennt und habe
wieder jemanden kennengelernt. Nun will mich
meine Ex zurück. Sie droht, ich werde sonst
meine Kinder nicht mehr sehen.« 25
»Ich (w, 31) will ein Kind, aber keinen Mann dazu,
höchstens zur Zeugung. Meine Freunde finden
mich egoistisch.« 39
»Meine 16-jährige Tochter hat keine Ahnung, was
sie später machen will. Sie interessiert sich nur
für Rap und Street Art.« 41
»Mein Ex-Partner distanziert sich mehr und mehr
von unseren beiden kleinen Kindern. Was kann
ich tun?« 53

»Ich (w, 64) bin kinderlos geblieben – und habe
kein Verständnis für kreischende, schlecht
erzogene Kinder. Mein Mann und ich meiden
Familien, wo wir nur können. Bin ich verbittert?
Oder eifersüchtig? Man sagt mir das oft.« 97
»Ich (w, 31) gerate immer wieder mit meiner
Tochter (5) aneinander. Wie kann ich das ändern?« 125
»Ein Freund will nach dem dritten Kind unbedingt
noch ein viertes. Darf ich ihm sagen, dass es
egoistisch ist, mehr als zwei Kinder zu haben?« 137
»Ich mag den achtjährigen Sohn meiner neuen
Partnerin nicht. Braucht das einfach noch Zeit?
Oder was kann ich in einer solchen Situation
tun?« 141
»In der Klasse meiner Tochter (8) gibt es einen
Jungen, der ihr ständig über die Haare gestreichelt
hat. Ihre Bitten, damit aufzuhören, ignorierte
er. Wir haben ihr deshalb einen Handgriff
beigebracht, mit dem sie sich erfolgreich
wehren konnte. Nun kontaktierte uns jedoch
die Lehrerin: Unsere Tochter hätte das Problem
durch Dialog lösen müssen, nicht mit Gewalt.
Hat sie recht?« 153
»Wenn Mütter über das Stillen reden und entzückt
erzählen, wie ihr Kind auch mit fast zwei Jahren
nach der Brust verlange, denke ich (w, 36,
kinderlos): Ihr wollt das doch so, ihr manipulativen
Freaks. Liege ich falsch?« 185
»Ich (w, 37) finde zwischen Job, Kind und Haushalt
nie Zeit für mich und bin immer leicht gereizt.« 191

»Ich (w, 48) und mein Ex-Mann haben wegen der Kinder weiterhin regelmäßigen Kontakt. Ich möchte endlich mit ihm über unsere Trennung sprechen, aber er weigert sich seit über zwei Jahren.« 243

»Ich (m, 34) habe eine kleine Tochter und lebe getrennt von der Mutter. Sie ändert ständig unsere Abmachungen für die Betreuung. Ich habe kaum noch ein Sozialleben, da ich im Gegensatz zu ihr 100 Prozent arbeite.« 259

KOMMUNIKATION

»Muss man sich wirklich immer gleich trennen? Man kann doch an einer Beziehung arbeiten.« 11

»Mein 18-jähriger Sohn lehnt mich (w, 48) richtiggehend ab. Dabei möchte ich einfach nur gut mit ihm auskommen. Was kann ich tun?« 21

»Meine Freundin und ich (m, 33) sind uns nie einig, wo und wie wir unsere Ferien verbringen sollen. Die Kompromisse machen immer einen von beiden unglücklich.« 23

»Ich (m, 43) bin seit einem Jahr getrennt und habe wieder jemanden kennengelernt. Nun will mich meine Ex zurück. Sie droht, ich werde sonst meine Kinder nicht mehr sehen.« 25

»Meine Partnerin will viel mehr Sex als ich (m, 39). Mittlerweile ist das Thema sehr streitbehaftet.« 35

»Eine Arbeitskollegin von mir verwendet sprachlich ständig geschlechtsneutrale Formulierungen. Mich stört es, aber sie findet, nur so werde Gleichberechtigung erreicht.« 43

»Mein Mann schnarcht sehr laut. Ich halte es kaum mehr aus. Er meint nur, das sei eben so.« 51

»Meine Frau redet nur oberflächlich mit mir (m, 47). Wie ihr Tag im Büro war und so weiter. Wie bringe ich sie dazu, mehr von sich zu erzählen?« 57

»Mein neuer Partner redet sehr viel – auch dann, wenn ich deswegen verstumme. Wie sage ich (w, 39) ihm, dass es mir zu viel ist?« 65

»Der Vater meiner Kinder macht mich (w, 41) auch vier Jahre nach der Trennung noch für diese verantwortlich. Bei fast jedem Kontakt kommen Vorwürfe.« 67

»Ich lebe neuerdings vegan. Meine fleischessenden Freunde verspotten mich bei jedem Treffen. Ich muss mich ständig verteidigen.« 73

»Mein bester Freund wird, wenn wir eine Meinungsverschiedenheit haben, richtig unangenehm. Sonst haben wir es immer super. Aber wehe, ich sehe mal etwas anders als er. Dann reagiert er, als hätte ich ihn beleidigt.« 107

»Ich habe kürzlich eine Frau im Zug gebeten, die Füße vom Sitz zu nehmen. Sie hat mich nur angepöbelt.« 117

»Bei einem Abendessen neulich betonte die Gastgeberin mehrfach, wie zurückhaltend und

schüchtern sie sei – dominierte aber den ganzen
Abend das Gespräch. Wieso haben manche
Leute so eine verquere Selbstwahrnehmung?« 121
»Ich (w, 31) gerate immer wieder mit meiner
Tochter (5) aneinander. Wie kann ich das ändern?« 125
»Ich bin Deutsche und lebe schon seit zwölf Jahren
in der Schweiz. Dennoch schaffe ich es nicht,
mich mit der verklemmten Hintenrum-Kultur
hier anzufreunden.« 129
»In der Klasse meiner Tochter (8) gibt es einen
Jungen, der ihr ständig über die Haare gestreichelt hat. Ihre Bitten, damit aufzuhören, ignorierte er. Wir haben ihr deshalb einen Handgriff beigebracht, mit dem sie sich erfolgreich
wehren konnte. Nun kontaktierte uns jedoch
die Lehrerin: Unsere Tochter hätte das Problem
durch Dialog lösen müssen, nicht mit Gewalt.
Hat sie recht?« 153
»In welchem Fall ist es gerechtfertigt, von
jemandem die Nummer zu blockieren? Ist es
nicht grundsätzlich trotzig?« 155
»Mein Mann redet nicht. Kaum wird es persönlich,
wird er zu einem Stein. Wie bringe ich es ihm bei?« 159
»Wieso darf ich nicht mehr ›Mohrenkopf‹ sagen? Es
ist doch nur ein Wort, niemand meint das böse.« 161
»Ich habe im Freundeskreis gesagt, dass Geflüchtete ein schlechtes Frauenbild hätten. Seither
gelte ich als Nazi.« 169
»Eine neue Bekannte von mir (w, 43) ist Anhängerin des Krishna-Glaubens. Bei jedem Treffen

versucht sie zu missionieren. Wie kann ich sie weiterhin treffen, ohne dass es zu Reibereien kommt?« 193

»Warum sind wir in Liebesbeziehungen oft unehrlich miteinander? Wäre nicht genau da Ehrlichkeit am meisten angezeigt?« 207

»Mein Partner schenkt mir (w, 29) immer wieder Reizwäsche und bittet mich, sie für ihn zu tragen. Ich weigere mich, weil ich es sexistisch finde. Er kann das überhaupt nicht verstehen und ist jedes Mal beleidigt. Wie mache ich es ihm klar?« 227

»Ich bin sehr strukturiert, mein Mann ist ziemlich chaotisch. Wir geraten immer wieder aneinander.« 233

»Wieso spürt mein Freund nicht, was ich (w, 38) brauche? Ich muss ihn ständig darauf hinweisen.« 241

»Ich (w, 48) und mein Ex-Mann haben wegen der Kinder weiterhin regelmäßigen Kontakt. Ich möchte endlich mit ihm über unsere Trennung sprechen, aber er weigert sich seit über zwei Jahren.« 243

»Seit dem Corona-Lockdown sind ich und mein Partner, der positiv getestet wurde, allein zu Hause. Wir schweigen uns nur an. Ich (w, 38) habe ihm eine WhatsApp-Nachricht geschrieben, dass wir mal reden sollten, aber er antwortet nicht.« 247

PARTNERWAHL UND DATING

»Viele Ehen starten glücklich, scheitern aber bald. Sollte man nicht das Prinzip aus der Großelternzeit walten lassen – ›Prüfe, wer sich ewig bindet‹?« 17

»Ich (m, 43) bin seit einem Jahr getrennt und habe wieder jemanden kennengelernt. Nun will mich meine Ex zurück. Sie droht, ich werde sonst meine Kinder nicht mehr sehen.« 25

»Ich (m, 33) habe beim Online-Dating immer wieder Matches, aber nach der ersten Nachricht werde ich ignoriert oder gleich gelöscht. Warum?« 29

»Ich (w, 40) gerate immer wieder an den gleichen Typ Mann: groß, gutaussehend und total unzuverlässig. Am Ende stehe ich immer abgesägt da. Wie kann ich diesen Kreis durchbrechen?« 47

»Mein bester Freund hat mich gefragt, ob ich (m, 32) Pate seiner Tochter werden will. Ich zögere, weil ich seine ständig schlecht gelaunte Partnerin nicht ausstehen kann.« 59

»Mein neuer Partner redet sehr viel – auch dann, wenn ich deswegen verstumme. Wie sage ich (w, 39) ihm, dass es mir zu viel ist?« 65

»Ich habe einen neuen Mann kennengelernt und weiß nicht, ob er wirklich so toll ist, wie er zu sein scheint, oder ob er ein Narzisst ist. Wie finde ich das heraus?« 95

»Ich (m, 31) habe meiner Freundin gesagt, dass mir hin und wieder auch Männer gefallen. Nun hält sie mich für schwul und verspottet mich.« 115

»Ich (m, 31) sehe nicht besonders gut aus und bin ziemlich schüchtern. Wie schaffe ich es, in einer Bar Frauen anzumachen?« 127

»Ich (w, 29) habe mich von meinem Freund getrennt und bin nun mit einem anderen Mann zusammen. Meiner Frauenclique passt das nicht, einige lästern sogar bei meinem Ex über meinen neuen Partner. Wie wehre ich mich dagegen?« 131

»Ich (w, 32) frage mich nach diversen Enttäuschungen: Wie gelingt eine Beziehung?« 135

»Ich (w, 38) finde auf Dating-Apps immer häufiger Profile von Männern, die ›keinen One-Night-Stand, aber auch keine Beziehung‹ suchen. Woher kommt diese Fünfer-und-Weggli-Haltung?« 145

»Ich (m, 36), hatte einige Male ziemlich Pech mit Frauen. Nun habe ich eine kennengelernt, mit der es toll läuft – aber meine Freunde winken alle nur noch ab.« 163

»Ich (w, 38) habe bei der Arbeit einen Mann kennengelernt. Wir verstehen uns super und haben uns ineinander verliebt. Aber er ist verheiratet und Familienvater. Was sollen wir tun?« 201

»Warum reden Männer beim ersten Date so unglaublich viel?« 215

»Ich (w, 41) bin neu auf einer Dating-Plattform. Fast alle Männerprofile langweilen mich – immer

die gleichen Sätze über ›ein gutes Glas Wein‹
und ›tiefgründige Gespräche‹. Bin ich oberflächlich?«   221

»Ich habe jemanden kennengelernt. Wie weiß ich
(m, 32), ob sie die Richtige ist?«   231

»Ich (w, 31) hatte zwei tolle Dates mit einem Mann,
der mir sehr gefällt. Aber wir haben uns noch
immer nicht geküsst. Lohnt es sich, ihn noch
einmal zu treffen?«   261

SELBSTWERT

»Ich (w, 41) hatte eine sehr schwierige Kindheit.
Es belastet mich bis heute, vor allem in Beziehungen. Was kann ich dagegen tun?«   13

»Ich (m, 42) habe sehr hohe Ansprüche an mich
und meine Umwelt. Wie schaffe ich es, großzügiger zu werden?«   15

»Ich (m, 33) habe beim Online-Dating immer
wieder Matches, aber nach der ersten Nachricht
werde ich ignoriert oder gleich gelöscht. Warum?«   29

»Ich (w, 31) will ein Kind, aber keinen Mann dazu,
höchstens zur Zeugung. Meine Freunde finden
mich egoistisch.«   39

»Ich (w, 40) gerate immer wieder an den gleichen
Typ Mann: groß, gutaussehend und total
unzuverlässig. Am Ende stehe ich immer
abgesägt da. Wie kann ich diesen Kreis durchbrechen?«   47

»Meine Mutter ist ein schwieriger, respektloser
Mensch. Eigentlich möchte ich (w, 52) nichts mit
ihr zu tun haben. Allerdings hat sie niemanden
mehr außer mir.« 55

»Ich lebe neuerdings vegan. Meine fleischessenden
Freunde verspotten mich bei jedem Treffen. Ich
muss mich ständig verteidigen.« 73

»Ich wiege viel zu viel. Was muss ich tun, um abzunehmen? Sport liegt mir nicht.« 81

»Kürzlich fragte mich jemand nach meinen
Hobbys. Da merkte ich: Ich habe gar
keines.« 85

»Ich habe einen ziemlich ungesunden Lebensstil –
ich rauche und trinke sehr viel. Ein Freund fragte
mich nach dem Grund dafür, aber ich konnte
keinen nennen.« 109

»Bei einem Abendessen neulich betonte die
Gastgeberin mehrfach, wie zurückhaltend
und schüchtern sie sei – dominierte aber den
ganzen Abend das Gespräch. Wieso haben
manche Leute so eine verquere Selbstwahrnehmung?« 121

»Ich (m, 31) sehe nicht besonders gut aus und bin
ziemlich schüchtern. Wie schaffe ich es, in einer
Bar Frauen anzumachen?« 127

»Ich (w) bin bald 40 und schaffe es nicht, nach
einem Glas Wein ›genug‹ zu sagen. Viele
meiner Freunde auch nicht. Langsam habe ich
den Alkohol aber satt. Was für eine Rausch-
Alternative empfehlen Sie?« 139

»Ich bin selbständige Fotografin. Warum fühle ich
mich beruflich trotzdem nicht angekommen und
bin nie ganz zufrieden?« 149
»Meine Mutter ist gestorben. Ich (w, 59) erlebe es
als Befreiung. Muss ich mich dafür schämen?« 151
»Ich (m, 30) kann mich mit immer weniger
Menschen identifizieren. Ich habe kaum noch
Freunde.« 177
»Meine Eltern machen ständig verletzende
Kommentare über meine vegane Ernährungs-
weise, meine Kinderlosigkeit und meine neue
Ausbildung. Protestiere ich, sagen sie, es sei nur
Spaß. Was kann ich (w, 41) tun?« 189
»Ich (w, 49) habe vor einem Jahr meinen manipu-
lativen Ex verlassen. Es war die Hölle mit ihm –
und doch vermisse ich ihn immer wieder. Wie
kann das sein?« 195
»Ich bestelle ständig etwas online. Oft brauche
ich es gar nicht wirklich. Wie kann ich diese
Gewohnheit ändern?« 199
»Ich höre immer wieder, ich sei zu nett. Ich finde,
das ist gar nicht möglich.« 263
»Ich mag mich nicht.« 273

SEX

»Meine Partnerin will viel mehr Sex als ich
(m, 39). Mittlerweile ist das Thema sehr streitbehaftet.« 35

»Ich (w, 36) habe nun schon zum vierten Mal einen
›Rammler‹ erwischt, also einen Liebhaber, der
wie ein Karnickel kopuliert. Was stimmt nicht
mit diesen Männern?« 61

»Mein Freund will jeden Tag Sex. Er wird sehr
wütend, wenn ich (w, 27) mal keine Lust habe.« 75

»Mein Freund hat nach zwei Jahren eine offene
Beziehung vorgeschlagen. Ich will das nicht.
Was raten Sie uns?« 123

»Der Sex zwischen mir (w, 28) und meinem Freund
ist ziemlich öde. Er hat einfach keine Ahnung,
was er mit meinem Körper anstellen soll.« 171

»Mein Freund und ich (w, 31) sind seit vier Jahren
zusammen. Seit zwei Jahren rührt er mich nicht
mehr an. Als ich ihn darauf ansprach, meinte er,
er sei halt so. Was raten Sie mir?« 219

»Darf man heute noch in den Puff?« 235

»Ich und mein Mann sind seit 15 Jahren zusammen.
Ich hätte gern wieder mal einen neuen
Sexpartner, aber er verbietet es mir.« 255

TRENNUNG UND EX-PARTNER

»Muss man sich wirklich immer gleich trennen?
Man kann doch an einer Beziehung arbeiten.« 11

»Viele Ehen starten glücklich, scheitern aber bald.
Sollte man nicht das Prinzip aus der Großelternzeit walten lassen – ›Prüfe, wer sich ewig
bindet‹?« 17

»Ich (m, 43) bin seit einem Jahr getrennt und habe wieder jemanden kennengelernt. Nun will mich meine Ex zurück. Sie droht, ich werde sonst meine Kinder nicht mehr sehen.«   25

»Eine Freundin von mir (w, 29) will seit zwei Jahren Schluss machen, sagt aber immer, sie traue sich nicht, und der ›Aufwand‹ sei zu groß, wegen der Wohnung und des gemeinsamen Umfelds. Ich kenne ihren Freund auch und habe schon fast ein schlechtes Gewissen ihm gegenüber.«   33

»Mein Ex-Partner distanziert sich mehr und mehr von unseren beiden kleinen Kindern. Was kann ich tun?«   53

»Der Vater meiner Kinder macht mich (w, 41) auch vier Jahre nach der Trennung noch für diese verantwortlich. Bei fast jedem Kontakt kommen Vorwürfe.«   67

»Meine Geliebte – ich (m, 46) bin ebenfalls verheiratet – hat sich von ihrem Mann getrennt. Ich habe das hintenrum erfahren und fühle mich total verarscht.«   71

»Ich (w, 29) habe mich von meinem Freund getrennt und bin nun mit einem anderen Mann zusammen. Meiner Frauenclique passt das nicht, einige lästern sogar bei meinem Ex über meinen neuen Partner. Wie wehre ich mich dagegen?«   131

»Wie merke ich (m, 38), wann der Moment gekommen ist, meinen Partner zu verlassen?«   143

»Ich (w, 29) habe mich getrennt und bin nun der
  Buhmann, weil mein Ex-Freund sich überall als
  Opfer darstellt.« 173
»Ich (w, 38) kenne meine beste Freundin seit dem
  Gymnasium. Aber wir haben uns eigentlich
  nichts mehr zu sagen. Ist das ein Grund, die
  Freundschaft zu beenden?« 181
»Ich (m, 52) habe seit acht Jahren eine Geliebte,
  der ich immer wieder versprochen hatte, mich
  von meiner Frau scheiden zu lassen. Nun will
  ich mich aber stattdessen von ihr trennen. Wie
  mache ich das am besten?« 187
»Ich (w, 49) habe vor einem Jahr meinen manipulativen Ex verlassen. Es war die Hölle mit ihm –
  und doch vermisse ich ihn immer wieder. Wie
  kann das sein?« 195
»Mein Freund und ich (w, 33) haben eine anstrengende On-off-Beziehung, wir haben uns schon
  viermal getrennt. Was raten Sie uns?« 205
»Muss ich eine über 20-jährige Freundschaft
  beenden, weil wir einander mittlerweile politisch
  und ideologisch völlig widersprechen?« 209
»Ich (m, 48) bin seit Jahren getrennt von der Mutter
  meiner Kinder. Wir sind bestens eingespielt und
  beide in neuen Beziehungen, dennoch meldet sie
  sich täglich unter irgendeinem Vorwand bei mir.« 211
»Ich (w, 34) habe mich von meinem Freund
  getrennt. Meine Mutter, die sich gut mit ihm
  verstanden hat, wurde total wütend, ließ meine
  Beweggründe nicht gelten und meinte, ich solle

am besten nie wieder eine Beziehung eingehen.
Mittlerweile hat sie sich wieder beruhigt, aber
ich bin total schockiert.« 217

»Mein Mann hat mich nach mehr als 40 Ehejahren
verlassen – nachdem er schon über ein halbes
Jahr eine Neue hatte. Ich kann ihm das einfach
nicht verzeihen.« 237

»Ich (w, 48) und mein Ex-Mann haben wegen der
Kinder weiterhin regelmäßigen Kontakt. Ich
möchte endlich mit ihm über unsere Trennung
sprechen, aber er weigert sich seit über
zwei Jahren.« 243

»Ich (m, 34) habe eine kleine Tochter und lebe
getrennt von der Mutter. Sie ändert ständig
unsere Abmachungen für die Betreuung. Ich
habe kaum noch ein Sozialleben, da ich im
Gegensatz zu ihr 100 Prozent arbeite.« 259

»Ich (m, 45) habe mich vor einem Jahr von der
Mutter meiner Kinder getrennt. Nun habe ich
eine neue Frau kennengelernt. Meiner Ex habe
ich noch nichts erzählt, ich fürchte ihre
Reaktion.« 271

UNTREUE

»Meine Geliebte – ich (m, 46) bin ebenfalls verheiratet – hat sich von ihrem Mann getrennt. Ich
habe das hintenrum erfahren und fühle mich
total verarscht.« 71

»Die Frau meines besten Freundes hat seit einem Jahr eine Affäre. Er hat sie erwischt, und sie hat ihm alles gestanden. Sie wollen aber zusammenbleiben. Ich (w, 33) finde die Frau nun total bescheuert und will sie nicht mehr sehen. Darf ich Treffen, bei denen sie dabei ist, künftig absagen?« 91

»Ich (w, 28) bin in einer Beziehung und habe angefangen, per WhatsApp mit einem anderen Mann zu flirten. Eine Freundin meint, ich sei bereits untreu. Ich finde, solange nicht mehr passiert, stimmt das nicht.« 111

»Ich (w, 36) habe meinen Partner betrogen. Es war eine einmalige Angelegenheit. Muss ich es trotzdem gestehen?« 157

»Ich (m, 52) habe seit acht Jahren eine Geliebte, der ich immer wieder versprochen hatte, mich von meiner Frau scheiden zu lassen. Nun will ich mich aber stattdessen von ihr trennen. Wie mache ich das am besten?« 187

»Ich (w, 38) habe bei der Arbeit einen Mann kennengelernt. Wir verstehen uns super und haben uns ineinander verliebt. Aber er ist verheiratet und Familienvater. Was sollen wir tun?« 201

»Ich (w, 39) bin verheiratet und habe ein vierjähriges Kind – und seit zwei Jahren einen Freund. Was soll ich tun?« 249

»Ich (w, 36) flirte gern mit Männern. Ich meine das nie als Anmache, ich bin in einer Beziehung. Leider wird es aber oft missverstanden – und

sogar als Untreue ausgelegt. Wo ist hier die
Grenze?«   257
»Ich (m, 28) habe Probleme in meiner Beziehung –
und eine andere Frau kennengelernt. Wie finde
ich heraus, für wen ich mich entscheiden soll?«   267

TOD

»Meine beste Freundin hat sich umgebracht. Sie
hat es nicht angekündigt und keine Erklärung
hinterlassen. Ich bin stinkwütend auf sie. Ist das
egoistisch?«   37
»Vor einem halben Jahr ist mein Hund gestorben.
Er war mir 14 Jahre lang ein treuer Begleiter.
Warum wird meine Trauer nicht weniger?«   133
»Meine Mutter ist gestorben. Ich (w, 59) erlebe es
als Befreiung. Muss ich mich dafür schämen?«   151
»Ich (w, 44) habe vor zwei Jahren meine Partnerin durch einen Unfall verloren. Nun habe
ich jemanden kennengelernt, mich aber wieder
zurückgezogen. Dabei mag ich diese neue Frau
sehr.«   179

Thomas Meyer
im Diogenes Verlag

Wolkenbruchs wunderliche Reise in die Arme einer Schickse
Roman

Der junge orthodoxe Jude Mordechai Wolkenbruch, kurz Motti, hat ein Problem: Die Frauen, die ihm seine *mame* als Heiratskandidatinnen vorsetzt, sehen alle so aus wie sie. Ganz im Gegensatz zu Laura, seiner hübschen Mitstudentin an der Universität Zürich – doch die ist leider eine *schikse*: Sie trägt Hosen, hat einen wohlgeformten *tuches*, trinkt Gin Tonic und benutzt ungehörige Ausdrücke.
Zweifel befallen Motti: Ist sein vorgezeichneter Weg wirklich der richtige für ihn? Sein Gehorsam gegenüber der *mame* mit ihren verstörenden Methoden schwindet. Dafür wächst seine Leidenschaft für Laura. Die Dinge nehmen ihren Lauf. Und Motti kann schon bald einen vorläufigen Schluss ziehen: Auch *schiksn* haben nicht alle Tassen im Schrank.

»Thomas Meyers Entwicklungsroman im Stile Woody Allens ist eine religiöse Emanzipationsgeschichte – mit zuverlässig witzigen Pointen.«
Beate Tröger / Frankfurter Allgemeine Zeitung

Auch als Diogenes Hörbuch erschienen,
gelesen von Thomas Meyer

Rechnung über meine Dukaten
Roman

Preußen im Jahre 1716. Der exzentrische König Friedrich Wilhelm I. gibt Unsummen aus für die Langen Kerls, seine Leibgarde aus lauter riesigen Männern, die er zwangsrekrutieren oder im Ausland entführen lässt. Das widerfährt auch dem jungen Bauern Gerlach, den er zu seinem neuen Liebling erklärt. Aber auch die großgewachsene Konditorstochter Betje findet Gefallen an ihm. Ein höchst vergnüglicher historischer Roman.

»Ein unfassbar komischer historischer Roman.«
Stephan Draf / Stern, Hamburg

»Ein augenzwinkerndes Buch über Menschenplanung vor dem Gentechzeitalter.«
Daniel Arnet / SonntagsZeitung, Zürich

Trennt euch!

Üblicherweise empfehlen Beziehungsratgeber zu kämpfen und durchzuhalten. Die allermeisten Paare aber, so Thomas Meyers provokante These, sind unglücklich – und sollten sich trennen. Denn das Leben ist zu kurz, um unnötig zu leiden.

Meyer beschreibt mit analytischer Schärfe und großer Empathie alle Phasen des Schlussmachens (die quälende Zeit davor, die Trennung selbst sowie die Zeit danach) und macht Mut zum achtsamen Umgang mit sich selbst.

»Ein streitbarer, aber durchaus auch für Trennungsunwillige inspirierender Essay über das stilvolle Beenden von Liebesbeziehungen.«
Gisa Funck / Deutschlandfunk, Köln

Wolkenbruchs waghalsiges Stelldichein mit der Spionin
Roman

Der orthodoxe Jude Motti Wolkenbruch hat immer brav getan, was seine Mame von ihm erwartete. Bis zu dem Abenteuer mit einer Schickse. Motti verliert sein

Zuhause und wird von den »Verlorenen Söhnen Israels« aufgenommen. Wie sich aber bald zeigt, sind sie weit mehr als eine Selbsthilfegruppe: Motti befindet sich im Hauptquartier der Jüdischen Weltverschwörung. Doch die ist ein erfolgloser Lotterladen. Motti übernimmt das Steuer, und bald wird überall nur noch Hummus gegessen und Jiddisch gesprochen. Allerdings will auch eine Gruppe von Nazis die Welt beherrschen. Sie fluten das Internet mit Hass und Grammatikfehlern – und setzen die schöne Spionin Hulda auf Motti an.

»Das Buch erzählt eine haarsträubende Geschichte, eine wilde Mischung aus Agentenroman und Social-Media-Märchen, strotzend vor Klischees. Das ist natürlich Satire – und tatsächlich komisch.«
Martina Läubli / NZZ am Sonntag, Zürich

»Ein herrlich absurdes Szenario und trotzdem hochaktuell.« *Sharonna Barel / Emotion, Hamburg*

Auch als Diogenes Hörbuch erschienen,
gelesen von Thomas Meyer

Emanuel Bergmann
Der Trick

Roman

1934, in Prag, bestaunt der fünfzehnjährige Rabbinerssohn Mosche Goldenhirsch im Zirkus die Zauberkunststücke des legendären ›Halbmondmanns‹ und seiner liebreizenden Assistentin – es ist um ihn geschehen, und zwar gleich doppelt. Er rennt von zu Hause weg und schließt sich dem Zirkus an, der nach Deutschland weiterzieht.

2007, in Los Angeles, klettert der zehnjährige Max Cohn aus dem Fenster seines Zimmers, um den Großen Zabbatini zu finden, einen alten, abgehalfterten Zauberer. Der Junge ist überzeugt: Nur Magie kann seine Eltern, die vor der Scheidung stehen, wieder zusammenbringen.

Eine bewegende und aberwitzige Geschichte, die Zeiten und Kontinente umspannt, ein Roman über die Zerbrechlichkeit des Lebens und den Willen, sich verzaubern zu lassen.

»*Der Trick* ist ein spannender, sensibler, sehr schön erzählter Roman über die Kraft der Magie, die sich auch in Momenten entfalten kann, in denen man nicht damit rechnet.« *Katja Weise / NDR Kultur, Hannover*

»Der Roman spielt auf zwei Ebenen, in Nazi-Deutschland und im heutigen Kalifornien. Das ist geschickt konstruiert und süffig erzählt.«
Martin Ebel / SonntagsZeitung, Zürich

»Emanuel Bergmann ist wirklich ein begnadeter Erzähler.« *Stefan Keim / WDR 4, Köln*

Auch als Diogenes Hörbuch erschienen,
gelesen von Stefan Kaminski

Martin Suter
im Diogenes Verlag

Small World
Roman

Erst sind es Kleinigkeiten: Konrad Lang, Mitte sechzig, stellt aus Versehen seine Brieftasche in den Kühlschrank. Bald vergisst er den Namen der Frau, die er heiraten will. Je mehr Neugedächtnis ihm die Krankheit – Alzheimer – raubt, desto stärker kommen früheste Erinnerungen auf. Und das beunruhigt eine millionenschwere alte Dame, mit der Konrad seit seiner Kindheit auf die ungewöhnlichste Art verbunden ist.

»Fesselnd. Eine der großen Qualitäten von Martin Suters Roman liegt in der Präzision, mit der er die Krankheit und Umgebung beschreibt, und in der Gelassenheit, mit der er die Geschichte langsam vorantreibt.« *Le Monde, Paris*

Auch als Diogenes Hörbuch erschienen,
gelesen von Dietmar Mues

Die dunkle Seite des Mondes
Roman

Starwirtschaftsanwalt Urs Blank, fünfundvierzig, Fachmann für Fusionsverhandlungen, hat seine Gefühle im Griff. Doch dann gerät sein Leben aus den Fugen. Ein Trip mit halluzinogenen Pilzen führt zu einer gefährlichen Persönlichkeitsveränderung, aus der ihn niemand zurückzuholen vermag. Blank flieht in den Wald. Bis er endlich begreift: Es gibt nur einen Weg, um sich aus diesem Alptraum zu befreien.

»Eine gründlich recherchierte, präzise, elegant und humorvoll geschriebene Geschichte. Martin Suter bietet ein Optimum an Belehrung, Spannung und Vergnügen.« *Friedmar Apel / Frankfurter Allgemeine Zeitung*

»Das Buch ist spannend wie ein Thriller und trifft wie ein Psycho-Roman – eine ungewöhnliche Variante von *Dr. Jekyll und Mr. Hyde.*« *Brigitte, Hamburg*

Auch als Diogenes Hörbuch erschienen,
gelesen von Gert Heidenreich

Ein perfekter Freund
Roman

Durch eine rätselhafte Kopfverletzung hat der Journalist Fabio Rossi eine Amnesie von fünfzig Tagen. Als er seine Vergangenheit zu rekonstruieren beginnt, stößt er dabei auf ein Bild von sich, das ihn zutiefst befremdet. Er scheint merkwürdige Dinge getan, ein seltsames Verhalten an den Tag gelegt zu haben in jener Zeit. Aber offenbar gibt es Leute, denen es lieber wäre, jener Fabio bliebe ausgelöscht.

»In Martin Suters *Ein perfekter Freund* hungern die Leser nach Informationen wie die Hauptfigur. Jedes neue Häppchen wird stilvoll serviert: keine Schnörkel, keine langatmigen Beschreibungen, viele, aber keine überflüssigen Details. Handlung ist Trumpf, Suter das As.« *Frankfurter Rundschau*

Lila, Lila
Roman

So rein wie die Liebesgeschichte, die er als Manuskript in einem alten Nachttisch findet, sind auch Davids Gefühle für Marie. Und er möchte ihre Liebe, um jeden Preis. Dafür muss er ein anderer werden als der, der er ist. David schlüpft in eine Identität, die ihm irgendwann über den Kopf wächst.

»Wie stets bei Martin Suter geht es auch in seinem wunderbar geschriebenen Roman *Lila, Lila* um den Verlust von Identität. Suter packt einen von der ersten Seite an. Unbedingt lesen!« *Brigitte, Hamburg*

Lila, Lila wurde 2009 von Alain Gsponer mit Daniel Brühl, Hannah Herzsprung und Henry Hübchen in den Hauptrollen verfilmt.

Auch als Diogenes Hörbuch erschienen,
gelesen von Daniel Brühl

Der Teufel von Mailand
Roman

Sonias Sinne spielen verrückt: Sie sieht auf einmal Geräusche, schmeckt Formen oder fühlt Farben. Ein Aufenthalt in den Bergen soll ihr Gemüt beruhigen, doch das Gegenteil tritt ein: Im Spannungsfeld von archaischer Bergwelt und urbaner Wellness, bedrohlichem Jahrhundertregen und moderner Telekommunikation beginnt ihre überreizte Wahrnehmung erst recht zu blühen – oder gerät die Wirklichkeit aus den Fugen?

»Hochspannender Stoff, angerichtet mit der für den Schweizer Bestsellerautor Martin Suter so typischen Milieukenntnis, die dem Roman die wunderschönen Boshaftigkeiten schenkt.«
Verena Lugert / Neon, München

Auch als Diogenes Hörbuch erschienen,
gelesen von Julia Fischer

Der letzte Weynfeldt
Roman

Adrian Weynfeldt, Mitte fünfzig, Junggeselle, großbürgerlicher Herkunft, Kunstexperte bei einem internationalen Auktionshaus, lebt in einer riesigen Wohnung im Stadtzentrum. Mit der Liebe hat er abgeschlossen. Bis ihn eines Abends eine jüngere Frau dazu bringt, sie – entgegen seinen Gepflogenheiten – mit nach Hause zu nehmen. Am nächsten Morgen steht sie außerhalb der Balkonbrüstung und droht zu springen. Adrian vermag sie davon abzuhalten, doch von nun an macht sie ihn für ihr Leben verantwortlich. Weynfeldts geregeltes Leben gerät aus den Fugen – bis er schließlich merkt, dass nichts ist, wie es scheint.

»Martin Suter spinnt und spannt über Adrian Weynfeldt ein höchst intrigantes, höchst elegantes, cooles Netz um Kunstmarkt, Kunst und Lebenskunst.«
Elmar Krekeler / Die Welt, Berlin

Auch als Diogenes Hörbuch erschienen,
gelesen von Gert Heidenreich

Der Koch
Roman

Maravan, 33, tamilischer Asylbewerber, arbeitet als Hilfskraft in einem Zürcher Sternelokal, tief unter seinem Niveau. Denn Maravan ist ein begnadeter, leidenschaftlicher Koch. Als er gefeuert wird, ermutigt ihn seine Kollegin Andrea zu einem Deal der besonderen Art: einem gemeinsamen Catering für Liebesmenüs. Anfangs kochen sie für Paare, die eine Sexualtherapeutin vermittelt. Doch der Erfolg von *Love Food* spricht sich herum, und eine viel zahlungskräftigere Klientel bekundet Interesse: Männer aus Politik und Wirtschaft – und deren Grauzonen.

»Martin Suter erzählt umstandslos, geschliffen, handwerklich so brillant, dass Neider es als konventionell abqualifizieren müssen.« *Die Weltwoche, Zürich*

Auch als Diogenes Hörbuch erschienen,
gelesen von Heikko Deutschmann

Die Zeit, die Zeit
Roman

Ist es verrückt, wenn einer glaubt, die Zeit lasse sich »zurückdrehen«? Es ist verrückt, denkt Peter Taler anfangs, als er das Vorhaben des alten Knupp begreift, der ihm gegenüber wohnt. Denn der möchte etwas denkbar Unmögliches möglich machen.

»Wie immer genial konstruiert. Ein Roman, der zum Denken anregt und unsere Welt für einen Moment auf den Kopf stellt. Ein absolutes Muss für alle Suter-Fans und die, die es werden wollen.«
Nicole Abraham / HR1, Frankfurt am Main

Auch als Diogenes Hörbuch erschienen,
gelesen von Gert Heidenreich

Montecristo
Roman

Ein Personenschaden bei einer Fahrt im Intercity und zwei Hundertfrankenscheine mit identischer Seriennummer: Auf den ersten Blick hat beides nichts miteinander zu tun. Auf den zweiten Blick schon. Und Videojournalist Jonas Brand ahnt bald, dass es sich nur um die Spitze eines Eisbergs handelt. Ein aktueller, hochspannender Thriller aus der Welt der Banker, Börsenhändler, Journalisten und Politiker – das abgründige Szenario eines folgenreichen Finanzskandals.

»Der Wirtschaftskrimi *Montecristo* ist ein Meisterwerk der Desillusionierung.«
Christopher Schmidt / Süddeutsche Zeitung, München

»Seinem eleganten Stil mit geschliffenen Dialogen bleibt der Autor auch in *Montecristo* treu.«
Franziska Wolffheim / Spiegel Online, Hamburg

Auch als Diogenes Hörbuch erschienen,
gelesen von Wanja Mues

Elefant
Roman

Ein Wesen, das die Menschen verwirrt und bezaubert: ein kleiner rosaroter Elefant, der in der Dunkelheit leuchtet. Plötzlich ist er da, in der Höhle des Obdachlosen Schoch, der dort seinen Schlafplatz hat. Wie das seltsame Geschöpf entstanden ist und woher es kommt, weiß nur einer: der Genforscher Roux. Er möchte daraus eine weltweite Sensation machen. Allerdings wurde es ihm entwendet. Denn der burmesische Elefantenflüsterer Kaung, der die Geburt des Tiers begleitet hat, ist der Meinung, etwas so Besonderes müsse versteckt und beschützt werden.

»*Elefant* zeigt Suter wie so oft als souveränen Erzähler, der seine Figuren mit der für ihn so typischen Beiläufigkeit in wenigen Sätzen zum Leben erweckt. Eine ebenso packende wie anrührende Geschichte. Showdown inklusive.«
Kester Schlenz / stern, Hamburg

»Zauberhaft!« *Madame, München*

»Mit seinem Gespür für Themen, die die Menschen bewegen, hat Martin Suter oft den Nerv der Zeit getroffen oder war gesellschaftlichen Entwicklungen sogar voraus.« *Ralf Bosen / Deutsche Welle, Bonn*

Auch als Diogenes Hörbuch erschienen,
gelesen von Gert Heidenreich

Außerdem erschienen:

Allmen und die Libellen
Roman
Auch als Diogenes Hörbuch erschienen, gelesen von Gert Heidenreich

Allmen und die verschwundene María
Roman
Auch als Diogenes Hörbuch erschienen, gelesen von Gert Heidenreich

Allmen und der rosa Diamant
Roman
Auch als Diogenes Hörbuch erschienen, gelesen von Gert Heidenreich

Allmen und die Erotik
Roman
Auch als Diogenes Hörbuch erschienen, gelesen von Gert Heidenreich

Allmen und die Dahlien
Roman
Auch als Diogenes Hörbuch erschienen, gelesen von Gert Heidenreich

Allmen und der Koi
Roman
Auch als Diogenes Hörbuch erschienen, gelesen von Gert Heidenreich

Business Class
Geschichten aus der Welt des Managements

Business Class
Neue Geschichten aus der Welt des Managements

*Richtig leben
mit Geri Weibel*
Sämtliche Folgen. Geschichten

Huber spannt aus
und andere Geschichten aus der Business Class

Unter Freunden
und andere Geschichten aus der Business Class

Das Bonus-Geheimnis
und andere Geschichten aus der Business Class

Abschalten
Die Business Class macht Ferien

Alles im Griff
Eine Business Soap
Auch als Diogenes Hörbuch erschienen, gelesen von Stefan Kurt

Cheers
Feiern mit der Business Class
Auch als Diogenes Hörbuch erschienen, gelesen von Stefan Kurt

Business Class
Geschichten aus der Welt des Managements. Liveaufnahme von Martin Suters Lesung im Casinotheater Winterthur im Okober 2006
Diogenes Hörbuch, 1 CD

Unter dem Strich
und andere Geschichten aus der Business Class
Diogenes E-Hörbuch, 1 CD, live gelesen von Martin Suter

Stephan Eicher & Martin Suter
Song Book
CD und Buch

Martin Suter & Benjamin von Stuckrad-Barre
Alle sind so ernst geworden